Revue des Nouvelles Technologies de l'Information
Sous la direction de Djamel A. Zighed et Gilles Venturini

RNTI A.8 – ISBN 979-10-96289-02-8

Apprentissage Artificiel et Fouille de Données

Rédacteurs invités : Younès Bennani (LIPN - Université Paris 13)
et Emmanuel Viennet (L2TI, Université Paris 13)

LE MOT DES DIRECTEURS DE LA COLLECTION RNTI

Très chers lecteurs et lectrices,

Nous avons créé RNTI pour soutenir et valoriser la production scientifique francophone dans tous les domaines des nouvelles technologies de l'information et de la communication (NTIC). Pour ce faire, nous avons mis en place un modèle de diffusion qui garantit la qualité des contenus et qui réduit drastiquement les contraintes financières d'édition. Nous voulons ainsi contribuer à la diffusion de la culture scientifique et des savoirs, sources de progrès et de paix.

La collection RNTI a aujourd'hui 16 ans. Le numéro que vous avez sous les yeux est le 68ème. Depuis le début des années 2000, plus de 10000 pages ont été publiées et plus de 2000 auteurs français et étrangers ont signé un ou plusieurs de ces articles. RNTI est aujourd'hui connue de tous comme l'une des principales publications scientifiques francophones dans le domaine des NTIC.

RNTI doit en permanence s'adapter aux nouvelles conditions de diffusion des connaissances. En effet, notre collection fait face aux mêmes contraintes que connait l'édition en ce début du 21 ème siècle. Le rôle de l'éditeur, qui assurait la qualité de la production sur la base d'un modèle économique fondé sur le livre ou la revue papier vendus en librairie, a changé. La dématérialisation des documents et l'internet ont rendu ce modèle obsolète, ce qui a engendré l'émergence de sites de publications sans contrôle ni évaluation des contenus par les pairs. Pourtant, sans outils d'évaluation et de contrôle de la qualité scientifique des publications, les savoirs et les connaissances risquent d'être polués et noyés dans un grand volume de textes de qualité douteuse, engendrant ainsi la confusion. RNTI tente de répondre à cette double exigence : qualité des contenus et accessibilité à coût financier quasi nul. Cela a été possible grâce, d'une part à l'engagement de nombreux relecteurs qui ont accepté de donner de leur temps pour garantir ce haut niveau de la revue et d'autre part à la mise en oeuvre de solutions techniques - chaine numérique d'édition et de diffusion - pour que la production et la diffusion des numéros requièrent le moins de ressources financières possibles. C'est pour aller encore plus loin sur ce second volet, que nous avons décidé :

1. de mettre en ligne gratuitement, dès la parution, l'intégralité de chaque numéro. Par le passé, il fallait attendre trois ans pour que les contenus deviennent libres et gratuits sur le site.

2. d'assurer nous-mêmes l'édition et la diffusion de la version papier, précédemment faite par une maison d'édition indépendante. Ainsi, grâce à l'impression à la demande devenue très compétitive, les lecteurs peuvent acquérir des versions papiers à un coup encore plus faible.

Outre ces deux évolutions, les principes de fonctionnement de RNTI restent inchangés. Ils s'articulent autour des points suivants :

1. Le maintien de l'évaluation par les pairs comme la seule garantie de la qualité des publications. Tout papier publié dans RNTI fait l'objet de trois évaluations au minimum ;

2. Le fait de s'appuyer sur des éditeurs invités, qui connaissent bien leurs spécialités et qui sont donc en mesure de renforcer la qualité des contenus, accroît la valeur scientifique des papiers ;

3. Le référencement dans les bases de données bibliographiques internationales comme DBLP ou Scopus.

Cette stratégie nous permet aujourd'hui de proposer à la communauté scientifique un outil de valorisation unique dans la sphère francophone. RNTI est maintenant bien identifiée pour sa crédibilité et son sérieux par toutes les instances et institutions en charge notamment la recherche scientifique et de l'enseignement supérieur. Loin de s'arrêter aux frontières, mêmes étendues, du Français, nous avons assuré une diffusion des meilleures productions vers le monde anglophone dans la série Studies in Computational Intelligence, publiée et diffusée par Springer à l'international.

Notre prochain objectif est de consolider d'avantage la publication électronique par un site offrant non seulement l'ensemble des articles mais proposant également des outils pour travailler sur les contenus de la production scientifique depuis le premier numéro. RNTI sera ainsi non seulement une base de documentation mais aussi un support de réflexion et de veille scientifique.

Tout ce travail n'a été possible que grâce à vos efforts et votre soutien, lecteurs, auteurs et rédacteurs invités. C'est vers vous que nos remerciements vont et nous restons toujours attentifs à vos suggestions car RNTI doit avant tout répondre à vos attentes.

Djamel A. Zighed et Gilles Venturini.

PRÉFACE

Le présent numéro de la revue RNTI est le prolongement des sixièmes journées thématiques sur l'*Apprentissage Artificiel et la Fouille de Données* (AAFD'14), organisées à l'Université Paris 13 en juin 2014.

Ces journées sont toujours l'occasion d'échanges fructueux entre théoriciens et praticiens, académiques ou industriels, œuvrant dans le champs de la fouille de données. Il est inutile de rappeler ici l'importance sans cesse croissante de ce domaine: chacun peut constater le succès de manifestations comme la conférence EGC en France, ou des nombreuses conférences internationales consacrées au *data mining*, *machine learning*, ou au *knowledge discovery*. L'apprentissage à partir de données est maintenant une technologie installée au cœur de nombreuses applications.

Les articles sélectionnés pour ce numéro sont issus d'un appel à publication lancé lors de la conférence AAFD'14. Ils sont cette année essentiellement tournés vers un thème très actif: l'apprentissage non supervisé, ici abordé sous des angles variés: méthodes matricielles, clustering, cartes topologiques, communautés dans les graphes.

Ce numéro s'ouvre ainsi sur un article (Redko et al.) consacré à l'apprentissage par transfert, qui cherche à transposer les connaissances acquises d'un domaine vers un autre. L'approche par factorisation de matrices proposée par les auteurs permet de formaliser élégamment le problème et donne des résultats intéressants.

Les données étant de plus en plus fréquemment réparties sur plusieurs sites, chacun possédant une vue locale de l'information, le second article (Grozavu et al.) s'intéresse à l'analyse de la diversité pour le clustering collaboratif, et met en évidence l'effet de la diversité et de la qualité des différentes sources de données.

Le troisième article (Cornuejols et al.) propose une nouvelle approche collaborative, dans le cas d'un ensemble d'experts dont on ne connait pas les performances individuelles.

Dans l'article suivant, F. Kaly et al. proposent une une méthode de classification multi-bloc avec sélection de variables pour les cartes topologiques (SOM). L'interprétabilité des résultats est grandement facilitée par la sélection des variables explicatives pertinentes.

R. Kanawati dresse ensuite un état de l'art des méthodes de détection de communautés dans les réseaux multiplexes, qui permettent de formaliser des interactions de différentes natures.

Le dernier article présente brièvement le projet de recherche AMMICO, dans lequel des laboratoire et des industriels se sont associés pour développer des techniques innovantes de recommandation pour aider les visiteurs de musées.

Nous remercions chaleureusement les auteurs et saluons le travail précieux des relecteurs qui ont accepté de consacrer du temps à la relecture de l'ensemble des contributions.

Younès BENNANI   Emmanuel VIENNET
LIPN   L2TI

Membres du comité de lecture

Le Comité de Lecture est constitué de:

Younès Bennani

Stéphane Canu

Patricia Conde-Céspedes

Mamadou Diaby

Raphaël Fournier

Mikaela Keller

Vincent Lemaire

Laurent Oudre

Blaise Ngonmang

Emmanuel Viennet

TABLE DES MATIÈRES

NMF multi-couches aléatoire pour l'apprentissage par transfert non-supervisé
Ievgen Redko and Younès Bennani 1

Analyse de la Diversité pour le Clustering Collaboratif
Nistor Grozavu, Guénael Cabanes, Younès Bennani 17

Une méthode d'ensemble en apprentissage non supervisé quand on ne connaît rien sur
la performance des experts ?
Antoine Cornuéjols, Christine Martin 33

Two step soft subspace SOM : une méthode de classification multi-bloc avec sélection
de variables
*François Kaly, Ndèye Niang, Mory Ouattara, Awa Niang, Sylvie Thiria, Béatrice
Marticorena, Serge Janicot* 51

Détection de communautés dans les grands graphes d'interactions (multiplexes) : état
de l'art
Rushed Kanawati 67

AMMICO: recommandation sociale pour la visite de musée
Raphaël Fournier, Emmanuel Viennet 101

Index des auteurs   **111**

NMF multi-couches aléatoire pour l'apprentissage par transfert non-supervisé

Ievgen Redko *, Younès Bennani *

*Laboratoire d'Informatique de Paris-Nord, CNRS (UMR 7030)
Université Paris 13, ComUE Université Sorbonne Paris Cité
F-93430, Villetaneuse, France.
prenom.nom@lipn.univ-paris13.fr
http://www.lipn.univ-paris13.fr/

Résumé. L'apprentissage par transfert est un nouveau cadre d'apprentissage qui consiste à utiliser un jeu de tâches pour influencer l'apprentissage et améliorer les performances sur une autre tâche. Cependant, ce paradigme d'apprentissage peut en réalité gêner les performances si les tâches sont trop dissemblables. Un défi pour l'apprentissage par transfert est donc de développer des approches qui détectent et évitent le transfert négatif des connaissances. Dans ce papier, nous proposons une nouvelle approche pour l'apprentissage par transfert non-supervisé qui a pour but de trouver une partition de données non-étiquetées dans le domaine cible en utilisant les connaissances acquises pendant le clustering des données non-étiquetées dans le domaine source. L'idée principale de notre méthode est de trouver des partitions dans des sous-espaces différents d'une tâche source afin d'obtenir une partition plus précise d'une tâche cible. De l'ensemble des partitions de la tâche source nous ne sélectionnons que les k plus proches en utilisant une mesure de similarité arbitraire. Finalement, la factorisation matricielle non-négative multicouches est utilisée pour obtenir une partition des objets dans le domaine cible. Les résultats expérimentaux montrent le fort potentiel et l'efficacité de l'approche proposée.

1 Introduction

L'apprentissage artificiel et le data mining ont déjà montré un succès considérable dans de nombreux domaines de l'ingénierie, y compris la classification, la régression et la classification non supervisé (clustering). Cependant, de nombreuses méthodes d'apprentissage ne fonctionnent bien que sous une hypothèse commune : les données d'apprentissage et de test sont issues du même espace de caractéristiques (espace de description) et de la même distribution. Lorsque la distribution change, la plupart des modèles statistiques doivent être reconstruits à partir des nouvelles données collectées. Dans de nombreuses applications du monde réel, il est coûteux, voire impossible, de collecter de nouvelles données d'apprentissage nécessaires pour reconstruire les modèles. Il est donc nécessaire de mettre en place des approches permettant de réduire la nécessité et l'effort de récolter de nouvelles données. Dans de tels

- 1 -

cas, le transfert des connaissances ou l'apprentissage par transfert entre les domaines serait souhaitable. De nombreux exemples en ingénierie des connaissances peuvent être trouvés où l'apprentissage par transfert peut être vraiment bénéfique. L'idée principale derrière l'apprentissage par transfert est que l'apprentissage d'une distribution (source) peut aider à apprendre une autre (cible) en utilisant la structure cachée commune comme un pont de transfert des connaissances. L'apprentissage par transfert implique deux problèmes corrélés, l'utilisation de la connaissance acquise sur un jeu de tâches et l'amélioration des performances sur une autre tâche liée. Particulièrement, l'apprentissage par transfert d'une certaine tâche cible - la tâche sur laquelle les performances sont mesurées - est très dépendant de l'apprentissage d'une ou des tâches auxiliaires.

1.1   Apprentissage par transfert

L'apprentissage par transfert est une technique bien connue qui a été généralement inspirée par la capacité d'un humain de détecter et d'utiliser les connaissances déjà acquises dans un domaine pour un apprentissage efficace dans un autre domaine. La définition de l'apprentissage par transfert a été donné dans Pan et Yang (2010) de la façon suivante :

Définition 1. Étant donné un domaine source D_S et une tâche source T_S, un domaine cible D_T et une tâche cible T_T, l'apprentissage par transfert vise à améliorer les performances d'apprentissage dans D_T en utilisant les connaissances acquises à partir de D_S et T_S, où $D_S \neq D_T$ et $T_S \neq T_T$.

Il y a lieu de mentionner que la notion de domaine dans cette définition est généralement donnée par une paire d'objets $D = \{X, P(X)\}$ où X représente la matrice de données et $P(X)$ est la distribution. Cela signifie que la condition $D_S \neq D_T$ implique soit $X_S \neq X_T$, soit $P_S(X) \neq P_T(X)$. La même chose pour une tâche : $T = \{Y, P(Y|X)\}$ et $T_S \neq T_T$ implique soit $Y_S \neq Y_T$ soit $P_S(Y|X) \neq P_T(Y|X)$.

Il existe trois types d'apprentissage par transfert :

— apprentissage par transfert supervisé (lorsque les données sont étiquetées à la fois pour la tâche source et pour la tâche cible) ;

— apprentissage par transfert semi-supervisé (les données ne sont étiquetées que pour la tâche source) ;

— apprentissage par transfert non-supervisé (pas de données étiquetées).

Le nombre de méthodes portant sur les deux premiers types d'apprentissage par transfert dépasse considérablement le nombre d'articles consacrés au dernier type. En effet, à notre connaissance, il n'y a que deux algorithmes d'apprentissage par transfert non supervisé : *Self-Taught Clustering* (STC) présenté dans Dai et al. (2008) et *Transferred Dimensionality Reduction* (TDA) présenté dans Wang et al. (2008), qui ont été proposés pour résoudre ce problème de transfert non-supervisé. Peu de recherches qui ont été conduites dans ce domaine de l'apprentissage artificielle peut être expliqué par le fait que l'apprentissage par transfert non-supervisé est un cas extrême du paradigme de l'apprentissage par transfert qui, néanmoins, apparaît dans de nombreuses applications dans le monde réel. Ainsi, l'apprentissage par transfert non supervisé devient un sujet attractif pour les chercheurs.

1.2 Principe de sous-espaces aléatoires

Dans ce travail, nous proposons une nouvelle approche *Random Subspaces NMF* (RS-NMF) pour l'apprentissage par transfert non-supervisé. Cette approche combine la technique d'échantillonnage dans l'espace des caractéristiques et l'idée de l'apprentissage par ensemble.

Bagging (Breiman, 1996), un nom dérivé de l'agrégation par *bootstrap*, a été la première méthode de l'apprentissage par ensemble et l'une des méthodes les plus simples d'ensemble. Le méta-algorithme, qui est un cas particulier du moyennage de modèles, a été conçu à l'origine pour la classification et il est habituellement appliqué sur les modèles d'arbres de décision, mais il peut être utilisé avec n'importe quel type de modèle, que ce soit pour la classification ou pour la régression. Le principe de sous-espaces aléatoires est une approche intéressante pour générer des modèles qui ensuite peuvent être combinés. Les classifieurs sont appris sur des sous-espaces de l'espace de description d'origine, choisis au hasard (l'ensemble d'apprentissage est échantillonné dans l'espace des caractéristiques). Les sorties des modèles sont ensuite combinées, généralement par un vote majoritaire. Plusieurs chercheurs ont utilisé ce principe pour de nombreux classifieurs. Dans le cas supervisé, des algorithmes rapides, comme les arbres de décision sont couramment utilisés avec des ensembles, néanmoins, les algorithmes plus lents peuvent aussi bénéficier de techniques d'ensemble. Plusieurs exemples de cette approche peuvent être trouvés dans (Ho, 1998) (Breiman, 2001), où le classifieur se compose de plusieurs arbres construites systématiquement en sélectionnant des sous-ensembles de caractéristiques, c'est-à-dire les arbres sont construites dans des sous-espaces choisis au hasard (Random Forest). Les arbres dans différents sous-espaces généralisent leur classification de façon complémentaire, et leur classification combinée peut être améliorée de façon monotone.

Dans le cas non supervisé, le clustering dans des sous-espaces est une extension du clustering traditionnel qui vise à trouver des clusters homogènes dans les différents sous-espaces d'un ensemble de données. Les algorithmes classiques de clustering utilisent toutes les dimensions d'un ensemble de données d'entrée pour en apprendre autant que possible sur chaque objet représenté. Cependant, pour les données de grande dimension, la plupart des dimensions ne sont pas pertinentes. Ces dimensions non pertinentes perturbent les performances d'un algorithme de classification en cachant les vrais clusters dans des groupes de données bruités. Le clustering dans les sous-espaces a pour but de trouver tous les clusters dans tous les sous-espaces. Cela signifie qu'un point peut faire partie de plusieurs groupes, qui existent dans des sous-espaces différents. Par conséquent, il est nécessaire de regrouper simultanément les données dans de multiples sous-espaces et de trouver un consensus pour obtenir une classification finale. Ce problème, connu sous le nom de *Subspace clustering*, a trouvé de nombreuses applications. Un certain nombre d'approches de clustering dans les sous-espaces ont été proposées dans les deux dernières décennies. Une revue portant sur ces méthodes peut être trouvée dans Parsons et al. (2004). Dans notre approche RS-NMF, ce paradigme sera utilisé pour l'apprentissage par transfert. En effet, ce paradigme divise les connaissances de l'espace source en sous-espaces de connaissances et fait une sélection des connaissances les plus pertinentes pour le transfert vers l'espace cible. Le principe de notre méthode est proche des approches multivues proposées dans Akata et al. (2011) Gao et al. (2013).

Le reste de ce papier est organisé comme suit : dans la section 2, nous allons présenter brièvement les notations de la factorisation matricielle non-négative de base, dans la section 3, nous introduisons *Random Subspaces NMF* pour l'apprentissage par transfert non-supervisé.

Nous résumerons les résultats dans la section 4. Enfin, nous présenterons quelques idées sur des futures extensions de notre méthode dans la section 5.

2 Connaissances préalables

2.1 NMF de base et NMF convexe

La NMF de base (Lee et Seung, 1999) cherche la décomposition suivante :

$$X \simeq FG^T, X \in \mathbb{R}^{n \times m}, F \in \mathbb{R}^{n \times k}, G \in \mathbb{R}^{m \times k}$$

$$X, F, G \geq 0,$$

où dans le cas d'une classification
— X - une matrice de données ;
— F - une matrice de prototypes ;
— G - une matrice de pondération ;
— k est le nombre de clusters désiré.
Afin de développer la NMF convexe (C-NMF) (Ding et al., 2010), nous considérons la factorisation de la forme suivante :

$$X \simeq FG^T = XWG^T, X \in \mathbb{R}^{n \times m}, W \in \mathbb{R}^{m \times k}, G \in \mathbb{R}^{m \times k}$$

$$X, W, G \geq 0.$$

où les vecteurs colonnes de F se trouvent dans l'espace des colonnes de X :

$$F = XW.$$

2.2 La NMF symétrique

La factorisation symétrique non-négative (SymNMF) (Ding et He, 2005) d'une matrice A est formulée comme suit :

$$A \simeq GG^T, A \in \mathbb{R}^{n \times n}, G \in \mathbb{R}^{n \times k}$$

où A est une matrice de similarités calculée en utilisant une mesure de similarité arbitraire, n est un nombre d'objets, k est le nombre de classes demandé. Par rapport à la NMF de base, SymNMF est plus flexible en termes de choix des mesures de similarités pour les données. Toute mesure de similarité qui décrit bien la structure inhérente des clusters peut être choisie. En fait, la formulation de NMF peut être liée à SymNMF lorsque $A = X^T X$. Cela signifie que la NMF choisit implicitement les produits internes comme la mesure de similarité, qui peuvent être non-pertinents pour distinguer les différents clusters.

2.3   La NMF multicouches

Afin d'améliorer les performances de la NMF, en particulier pour faciliter le passage à l'échelle et pour réduire le risque de se retrouver dans des minima locaux de la fonction de coût, une procédure hiérarchique pour effectuer une décomposition séquentielle des matrices non-négatives a été développée dans (Cichocki et Zdunek, 2007). Dans une première étape, on cherche la décomposition suivante :

$$X \simeq F_1 G_1$$

en utilisant n'importe quel algorithme de la NMF. Ensuite, les résultats obtenus à partir de la première étape sont utilisés pour effectuer la décomposition similaire :

$$G_1 \simeq F_2 G_2$$

en utilisant les mêmes ou différentes règles de mise à jour, et ainsi de suite. La décomposition prend en compte les derniers éléments obtenus. Le processus peut être répété plusieurs fois jusqu'à ce qu'un certain critère d'arrêt soit satisfait. A chaque étape, l'amélioration progressive de la performance est généralement obtenue. Finalement, la NMF multicouches prend la forme suivante :

$$X \simeq F_1 F_2 ... F_L G_L,$$

où la matrice des prototypes est définie comme $F = F_1 F_2 ... F_L$. En réalité, cela signifie que nous construisons un système qui a beaucoup de couches ou de connexions en cascade de L sous-systèmes.

3   Approche proposée

Dans cette section, nous proposons une façon très simple et assez efficace pour générer une séquence de matrices de partition pour un ensemble de données qui seront ensuite utilisées pour apprendre une séquence de matrices de prototypes. On les utilise comme un pont pour l'apprentissage par transfert entre deux tâches.

3.1   Random Subspaces NMF

L'idée générale de RS-NMF est d'effectuer la "décomposition" de connaissances d'un ensemble de données $X \in \mathbb{R}^{n \times m}$ qui consiste essentiellement à rechercher une séquence de matrices de partition $\{G_i\}_{i=1}^M$ calculées dans M sous-espaces de X.

Nous choisissons aléatoirement $\sqrt{m}$ caractéristiques et effectuons la NMF pour les matrices réduites $\{X_{ss_i}\}_{i=1}^M$. Nous obtenons ainsi une séquence de matrices de partition $\{G_i\}_{i=1}^M$ qui peuvent être utilisées ensuite pour le vote majoritaire ou une autre technique de consensus.

Afin de montrer que ces décompositions peuvent produire un bon résultat de clustering, nous avons utilisé la validation croisée (30 fois) pour 8 ensembles de données provenant de l'entrepôt de UCI, notamment : Iris, Glass, Wine, Hepatitis, Heart, Ecoli, Australian Credit Approval and Breast Cancer Wisconsin. Les informations sur les jeux de données utilisés sont présentées dans Tableau 1.

Nous avons évalué les résultats à l'aide de deux mesures différentes : l'entropie et la pureté (Zhao et Karypis, 2004). De manière générale, l'évaluation d'un système de clustering est un

Data set	# d'objets	# de caractéristiques	# de classes
Iris	150	4	3
Glass	214	10	7
Wine	178	13	3
Hepatitis	155	19	2
Ecoli	336	7	8
Australian	690	14	2
Breast Cancer Wisconsin	699	9	2
Yeast	1484	10	10

TAB. 1: Les jeux de données

problème difficile et les mesures proposées ne permettent qu'une appréciation de la qualité de la classification. L'entropie et la pureté sont des mesures standards de qualité en clustering.

L'entropie montre comment les différentes classes sémantiques sont réparties au sein de chaque groupe. Etant donné un groupe particulier S_R de taille N_R, l'entropie de ce cluster est définie comme suit :

$$E(S_r) = -\frac{1}{q} \sum_{i=1}^{q} \frac{n_r^i}{n_r} log \frac{n_r^i}{n_r},$$

où q est le nombre de classes dans l'ensemble de données, et n_r^i est le nombre d'éléments de la classe i qui ont été affectés au cluster r. L'entropie de l'ensemble du cluster est alors la somme des entropies des clusters individuels pondérées en fonction de la taille du cluster :

$$entropy = \sum_{r=1}^{k} \frac{n_r}{n} E(S_r).$$

La solution du clustering est parfaite si les clusters ne contiennent que des observations d'une seule classe ; dans ce cas, l'entropie de la solution du clustering est nulle. Des petites valeurs d'entropie indiquent des meilleures solutions de clustering.

En utilisant les mêmes notions mathématiques, la pureté d'un groupe est définie par :

$$Pu(S_r) = \frac{1}{n_r} \max_{i} n_r^i.$$

La pureté mesure la proportion de données d'une classe ayant l'étiquette la plus fréquente. Pour la calculer, on cherche la catégorie réelle majoritaire dans chacune des classes produites de la partition proposée par l'algorithme. La pureté d'une partition est alors la somme pondérée des puretés des clusters individuels :

$$purity = \sum_{r=1}^{k} \frac{n_r}{n} Pu(S_r).$$

Des grandes valeurs de pureté indiquent des meilleures solutions de clustering. Le nombre relativement élevé d'itérations pour la validation croisée peut s'expliquer par l'instabilité numérique de NMF.

Dans les Tableaux 2 et 3, les valeurs représentant la pureté et l'entropie moyenne pour NMF, symétrique NMF et la pureté maximale atteinte en utilisant RS-NMF sont signalées.

Dataset	NMF	Sym-NMF	RS-NMF
Iris	0.6600	0.6667	**0.8000**
Ecoli	0.5685	0.6488	**0.7470**
Wine	0.5843	0.3989	**0.6404**
Glass	0.5187	0.5467	**0.6308**
Australian	0.5783	0.5551	**0.6319**
Hepatitis	0.7935	0.7935	**0.7935**
Breast Wisconsin	0.6552	0.6552	**0.7997**
Yeast	0.4178	0.4212	**0.4549**

TAB. 2: Les valeurs de pureté pour différents ensembles de données pour NMF, Sym-NMF et RS-NMF

Dataset	NMF	Sym-NMF	RS-NMF
Iris(3)	0.3730	0.3385	**0.2963**
Ecoli(8)	0.2973	0.3358	**0.2336**
Wine(3)	0.6426	0.9167	**0.6158**
Glass(7)	0.4831	0.4648	**0.4195**
Australian(2)	0.9212	0.9379	**0.9209**
Hepatitis(2)	0.6438	0.6405	**0.6275**
Breast Wisconsin(2)	0.7460	0.6917	**0.6867**
Yeast(10)	0.5844	0.5924	**0.5749**

TAB. 3: Les valeurs d'entropie pour différents ensembles de données pour NMF, Sym-NMF and RS-NMF

Afin de faciliter l'analyse, nous avons également représenté graphiquement toutes les valeurs de pureté et d'entropie dans les Figures 1 et 2. Il est facile de voir que les performances sur chaque ensemble de données peuvent être augmentées en choisissant les caractéristiques qui sont les plus pertinentes pour une tâche.

3.2 RS-NMF pour l'apprentissage par transfert

Comme il a été dit avant, nous allons considérer une situation où aucune donnée étiquetée pour les deux tâches n'est disponible. Considérons deux tâches T_S and T_T définies par deux matrices $X_S = (x_{s_1}, x_{s_2}, ..., x_{s_n})$ et $X_T = (x_{t_1}, x_{t_2}, ..., x_{t_n})$ où chaque ligne représente un objet. Par souci de commodité, nous allons considérer deux matrices avec le même nombre de lignes. Cet inconvénient peut être résolu soit par le sous-échantillonnage du plus grand

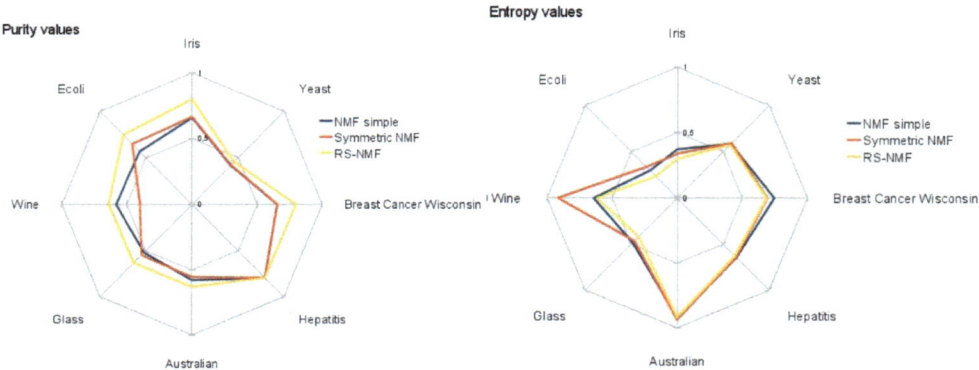

FIG. 1 : Le graphique en forme de radar des valeurs de pureté (à droite) et d'entropie (à gauche).

ensemble de données soit à l'aide du bootstrap pour augmenter la taille du plus petit ensemble de données.

Nous allons maintenant appliquer la méthode décrite ci-dessus comme une étape d'initialisation d'une nouvelle approche de l'apprentissage par transfert. Après avoir calculé une séquence de matrices de partition $\{G_i\}_{i=1}^M$ pour l'ensemble des données source X_S, nous recherchons une partition d'un ensemble de données cible X_T à l'aide de n'importe quelle forme arbitraire de la NMF (par exemple, C-NMF).

$$X_T \simeq X_T W_T G_T^T.$$

Dans cette expression, la matrice des prototypes peut être calculée comme $P_T = X_T W_T$.

3.3 Apprentissage des matrices "link"

Afin de construire une séquence de matrices de pondérations qui représentent les associations entre les clusters dans les différents sous-espaces, on calcule la corrélation entre toutes les matrices $\{G_i\}_{i=1}^M$ et G_T. Nous utilisons une fonction de corrélation simple définie comme :

$$corr(X,Y) = \frac{cov(X,Y)}{\sigma_X \sigma_Y}$$

et on sélectionne les k plus proches voisins de G_T.

A cette étape, nous obtenons une séquence réduite $\{G_i\}_{i=1}^k$. Nous appliquons la NMF de la forme suivante à chacune des matrices choisies :

$$G_i = W_i G_i^*, G_i \in \mathbb{R}^{k \times n}, W \in \mathbb{R}^{k \times k}, G_i^* \in \mathbb{R}^{k \times n}$$

$$\forall\, i = 1...k.$$

Après cela, nous avons une séquence de matrices "link" $\{W_i\}_{i=1}^k$ calculées en utilisant la NMF avec les matrices de partition de la tâche source qui sont les plus proches de la partition des données de la tâche cible. L'idée derrière la construction de cette séquence de matrices "link" est de capturer les relations entre les clusters et ainsi de refléter donc la structure d'un ensemble de données. L'utilisation directe de cette séquence de matrices de partition ne suffit pas, car elles sont étroitement liées aux données elles-mêmes. Ce que nous essayons de faire est de découvrir les parties communes dans les structures des deux ensembles de données pour les adapter à l'aide de la NMF et à les utiliser après comme des liens (links).

3.4 NMF multicouches avec les matrices "link"

Enfin, nous avons une séquence de matrices $\left\{ P_T, \{W_i\}_{i=1}^{k} \right\}$ que nous allons utiliser pour obtenir le résultat final. A notre avis, il est très important d'utiliser la matrice initiale P_T qui peut être considérée comme un guide du processus d'apprentissage par transfert. Nous rappelons que la NMF multicouches est de la forme suivante :

$$X \simeq F_1 F_2 ... F_L G_L,$$

Nous effectuons la NMF multicouches avec des matrices "link" fixées à nos matrices apprises. A la fin, la NMF multicouches prend la forme suivante :

$$X_T \simeq P_T W_1 ... W_k G_T^*,$$

où G_T^* est le résultat final de notre approche.

3.5 Analyse de la complexité

Nous allons maintenant discuter plus en détail la complexité de l'approche proposée. Comme présenté ci-dessus, nous allons examiner le système hiérarchique qui se compose de k couches. Premièrement, nous notons que la complexité de la NMF de base pour une matrice d'entrée $X \in \mathbb{R}^{m \times n}$ avec les règles de mise à jour multiplicatives est $\mathcal{O}(trnm)$ où r est le nombre de clusters et t désigne le nombre d'itérations utilisées pour minimiser la fonction de coût (généralement, $t \approx 100$). Pour construire une séquence de matrices de partition $\{G_i\}_{i=1}^{M}$ calculées dans M sous-espaces de X on effectue M fois la NMF de base pour les matrices $\{X_{ss_i}\}_{i=1}^{M}$. Cela nous donne la complexité $\mathcal{O}(Mtrn\sqrt{m})$. Ensuite, on apprend k matrices "link" $\{W_i\}_{i=1}^{k}$ dont la complexité est $\mathcal{O}(ktr^2n)$. Finalement, on effectue la NMF multicouches avec la matrice de prototypes fixée qui est équivalent à l'application de la NMF de base à la matrice X_T. Ainsi, la complexité totale de l'approche proposée est égale à $\mathcal{O}(Mtrn\sqrt{m} + ktr^2n + trnm)$.

4 Résultats expérimentaux

Dans cette section nous allons décrire toutes les expériences qui ont été faites afin de montrer l'efficacité de notre approche. Nous rappelons que nous travaillons dans le cadre non supervisé et nous ne sommes pas en mesure d'utiliser la pureté et l'entropie utilisées pour valider RS-NMF.

4.1 Critères d'évaluation du clustering

Il existe deux catégories de mesures d'évaluation pour le clustering : des indices internes et des indices externes. Vu qu'on travaille dans le cadre non supervisé, nous ne pouvons utiliser que les indices internes car ils sont basés uniquement sur l'information intrinsèque aux données. Parmi ces indices, les plus référencés dans la littérature sont les suivants : le critère d'information de Bayes, l'indice de Calinski-Harabasz, l'indice de Davies-Bouldin (DBI), l'indice Silhouette, l'indice de Dunn et l'indice de NIVA. Pour estimer l'efficacité du clustering, nous allons utiliser deux des plus efficaces indices de clustering (selon (Rendon et al., 2011)), l'indice de Dunn et l'indice Calinski-Harabasz. L'indice de Dunn est calculé comme suit :

$$Dunn = \min_{1 \leq i \leq c} \left\{ min \left\{ \frac{d(c_i, c_j)}{\max_{1 \leq k \leq c}(d(X_k))} \right\} \right\}$$

où c est le nombre de clusters, i et j sont des étiquettes, $d(c_i, c_j)$ est la distance entre les clusters X_i et X_j ; $d(X_k)$ représente la distance intra-cluster de X_k. Cet indice cherche à identifier les ensembles de clusters qui sont compacts et bien séparés. Des grandes valeurs de l'indice de Dunn indiquent de meilleures solutions de clustering.

L'indice de Calinski-Harabasz est donné par l'expression suivante :

$$CH = \frac{trace(S_B)}{trace(S_W)} \frac{n_p - 1}{n_p - k}$$

où S_B est la matrice de variabilité entre les clusters, S_W est la matrice de variabilité interne, n_p est un nombre d'échantillons groupés et k est un nombre de clusters. Des grandes valeurs de l'indice Calinski-Harabasz indiquent un résultat de clustering précis.

Dans les Tableau 4 et 5, nous présentons les valeurs de l'indice de Dunn et de Calinski-Harabasz pour des tests expérimentaux de notre approche. Nous indiquons également k - le nombre de matrices de prototypes apprises. Nous comparons les résultats obtenus avec la NMF convexe.

Tâche source → Tâche cible	Pas de transfert (C-NMF)	Avec transfert (RS-NMF)	k
Iris → Wine	0.0033	**0.0271**	1
Wine → Iris	0.1650	**2.9523**	9
Wine → Glass	0.0118	**0.0134**	2
Glass → Wine	0.0035	**0.0385**	6
Iris → Glass	**0.0126**	0.0112	4
Glass → Iris	0.2697	**1.5800**	4
Hepatitis → Heart	0.1479	**1.8449**	10
Heart → Hepatitis	1.7610	**1.7903**	3
Ecoli → Heart	0.0167	**0.1671**	5
Heart → Ecoli	0.0384	**0.3815**	1
Australian → Breast Wisconsin	0.6115	**0.9095**	1
Breast Wisconsin → Australian	**0.0943**	0.0773	9

TAB. 4: Les valeurs de l'indice de Dunn pour le transfert entre deux domaines différents

Tâche source → Tâche cible	Pas de transfert (C-NMF)	Avec transfert (RS-NMF)	k
Iris → Wine	0.6996	**13.9911**	1
Wine → Iris	0.3454	**1.7041**	9
Wine → Glass	4.7092	**5.2175**	2
Glass → Wine	2.8487	**9.8428**	6
Iris → Glass	5.1969	**5.9693**	4
Glass → Iris	0.1416	**2.2370**	6
Hepatitis → Heart	10.4467	**187.5136**	10
Heart → Hepatitis	123.7336	**128.9377**	3
Ecoli → Heart	15.3534	**123.7448**	5
Heart → Ecoli	11.9365	**178.9586**	1
Australian → Breast Wisc.	80.0094	**161.8653**	1
Breast Wisc. → Australian	**279.7122**	213.3286	9

TAB. 5: Les valeurs de l'indice de Calinski-Harabasz pour le transfert entre deux domaines différents

Nous pouvons voir que notre approche a échoué deux fois en termes de l'indice de Dunn et une seule fois en termes d'indice Calinski-Harabasz. Dans tous les autres cas, notre approche basée sur l'apprentissage par transfert donne de meilleurs résultats que la NMF convexe où on n'utilise pas les données auxiliaires. Il est important d'ajouter que C-NMF est équivalente à un k-means flou ((Li et Ding, 2006)) et ainsi comparer RS-NMF avec C-NMF signifie que l'on compare aussi à un k-means simultanément.

Pour compléter l'analyse nous avons tracé également les résultats de transfert obtenus avec différentes valeurs de k pour tous les ensembles de données dans les Figures 3-14 (voir Annexe).

5   Conclusions

Dans ce papier, nous avons proposé une nouvelle approche pour l'apprentissage par transfert non supervisé. Nous avons effectué plusieurs décompositions de la matrice source dans des sous-espaces de l'espace de description d'origine (RS-NMF) afin de générer une séquence de matrices de partition et choisir les k plus proches en termes de corrélation avec la partition cible initiale. Nous avons construit une séquence de matrices de prototypes en utilisant les matrices de partition précédemment sélectionnées. Ensuite, nous les avons utilisées dans la NMF multicouches. De cette façon, nous injectons la connaissance de la tâche source dans la tâche cible. Cette procédure est guidée par la matrice des prototypes initiale. Compte tenu des résultats obtenus au cours de nos expériences, nous pouvons conclure que notre approche augmente efficacement la qualité du clustering de données de la tâche cible en utilisant les connaissances acquises à partir de la tâche source.

A l'avenir, notre travail peut être poursuivi dans de multiples directions. Tout d'abord, notre approche peut être facilement intégrée dans un algorithme d'apprentissage par transfert multi-tâches en utilisant des données provenant de plusieurs sources. Deuxièmement, il serait utile d'étudier quelle est la valeur optimale de k - le nombre de partitions qui seront utilisées pour construire les matrices des prototypes. Nous pouvons voir que pour certains ensembles de données le choix de k peut être très important. Enfin, cette approche est très simple et facile à mettre en oeuvre.

Références

Akata, Z., C. Thurau, et C. Bauckhage (2011). Non-negative matrix factorization in multimodality data for segmentation and label prediction. *In 16th Computer Vision Winter Workshop*, 1–8.

Breiman, L. (1996). Bagging predictors. *Proceedings of the European conference on Machine Learning and Knowledge Discovery in Databases 24*, 123–140.

Breiman, L. (2001). Random forest. *Machine Learning 45*, 5–32.

Cichocki, A. et R. Zdunek (2007). Multilayer nonnegative matrix factorization using projected gradient approaches. *International Journal of Neural Systems 17*, 431–446.

Dai, W., Q. Y. 0001, G.-R. Xue, et Y. Yu (2008). Self-taught clustering. *Proceedings of the 25th International Conference on Machine Learning 307*, 200–207.

Ding, C. H. Q. et X. He (2005). On the equivalence of nonnegative matrix factorization and spectral clustering. *In Proc. of SIAM International Conference on Data Mining*, 606–610.

Ding, C. H. Q., T. Li, et M. I. Jordan (2010). Convex and semi-nonnegative matrix factorizations. *IEEE Trans. Pattern Anal. Mach. Intell. 32*, 45–55.

Gao, J., J. Han, J. Liu, et C. Wang (2013). Multi-view clustering via joint nonnegative matrix factorization. *Proc. of SIAM Data Mining Conf*, 252–260.

Ho, T. K. (1998). The random subspace method for constructing decision forests. *IEEE Transactions on Pattern Analysis and Machine Intelligence 20*, 832–844.

Lee, D. D. et H. S. Seung (1999). Learning the parts of objects by non-negative matrix factorization. *Nature 401*, 788–791.

Li, T. et C. H. Q. Ding (2006). The relationships among various nonnegative matrix factorization methods for clustering. *In Proc. of ICDM*, 362–371.

Pan, S. et Q. Yang (2010). A survey on transfer learning. *IEEE Transactions on Knowledge and Data Engineering 22*, 1345–1359.

Parsons, L., E. Haque, et H. Liu (2004). Subspace clustering for high dimensional data: a review. *ACM SIGKDD Explorations Newsletter 6*, 90–105.

Rendon, E., A. A. Itzel Abundez, et E. M. Quiroz (2011). Internal versus external cluster validation indexes. *International Journal of Computers and Communications 5*.

Wang, Z., Y. Song, et C. Zhang (2008). Transferred dimensionality reduction. *Proceedings of the European conference on Machine Learning and Knowledge Discovery in Databases 5212*, 550–565.

Zhao, Y. et G. Karypis (2004). Empirical and theoretical comparisons of selected criterion functions for document clustering. *Mach. Learn. 55*, 311–331.

Annexe

L'évolution des résultats de transfert obtenus avec différentes valeurs de k pour tous les ensembles de données

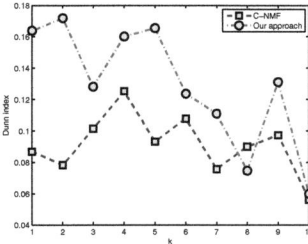

FIGURE 2: Iris → Wine transfert

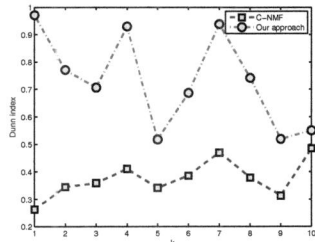

FIGURE 3: Wine → Iris transfert

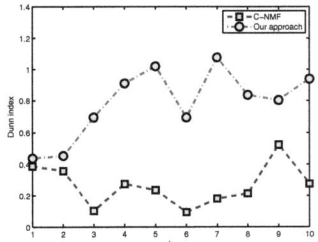

FIGURE 4: Wine → Glass transfert

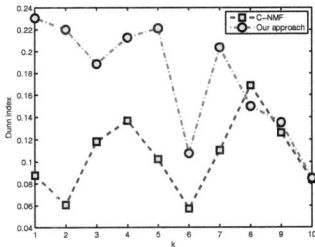

FIGURE 5: Glass → Wine transfert

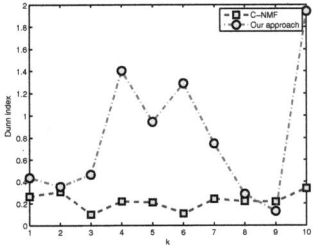

FIGURE 6: Iris → Glass transfert

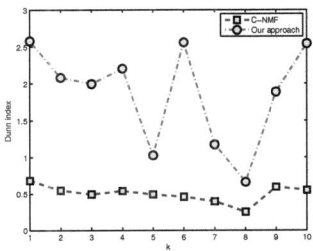

FIGURE 7: Glass → Iris transfert

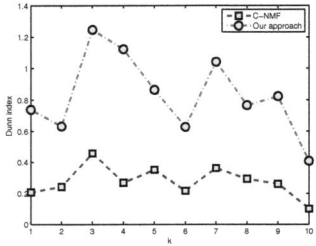

FIGURE 8: Hepatitis → Hearts transfert

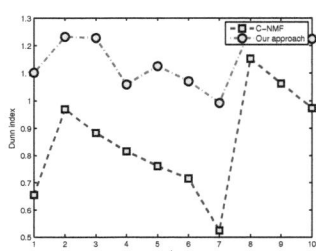

FIGURE 9: Hearts → Hepatitis transfert

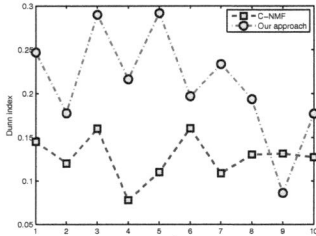

FIGURE 10: Ecoli → Hearts transfert

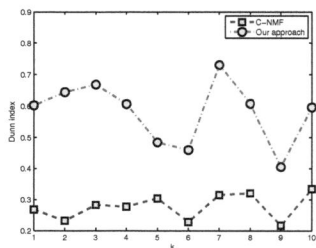

FIGURE 11: Hearts → Ecoli transfert

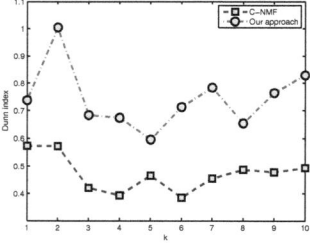

FIGURE 12: Australian → Breast transfert

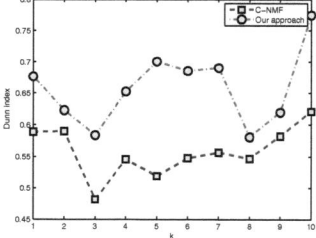

FIGURE 13: Breast → Australian transfert

Summary

Transfer learning is a new learning framework which uses a set of tasks to influence learning and improve the performance of another task. However, this learning paradigm may actually hinder performance if the tasks are quite dissimilar. A challenge for transfer learning is to develop approaches that detect and avoid negative transfer of knowledge using very little information about the target task. In this paper we propose a new unsupervised tranfer learning approach which aims at finding a partition of unlabeled data in target domain using the knowledge obtained from clustering a source domain unlabeled data. The key idea behind our method is that finding partitions in different feature's subspaces of a source task can help to obtain a more accurate partition in a target one. From the set of source partitions we select only k nearest neighbors using some measure of simmilatiry. Finally, multi-layer non-negative matrix factorization is performed to obtain a partition of objects in target domain. Experimental results show high potential and effectiveness of the proposed technique.

Analyse de la Diversité pour le Clustering Collaboratif

Nistor Grozavu, Guénaël Cabanes, Younès Bennani

LIPN UMR CNRS 7030, Université Paris 13,
99, avenue Jean-Baptiste Clément, 93430 Villetaneuse
prenom.nom@lipn.univ-paris13.fr

Résumé. L'objectif du clustering collaboratif est de révéler la structure commune de données qui sont répartis sur différents sites. Le clustering topologique collaboratif, basé sur l'apprentissage d'une carte auto-organisatrice (SOM), est une méthode d'apprentissage non supervisé qui est capable d'utiliser d'autres cartes SOM provenant d'autres sites au cours du processus d'apprentissage. Cet article étudie l'impact de la diversité entre les collaborateurs sur la qualité de la collaboration et présente une étude de différents indices de diversité pour le clustering collaboratif. A partir d'expériences sur des jeux de données artificiels et réels, nous avons démontré que la diversité et la qualité des collaborateurs peuvent avoir un impact important sur la qualité de la collaboration et que tous les indices de diversité ne sont pas pertinents pour cette tâche.

1 Introduction

Nous nous intéressons dans ce travail au problème de la classification non supervisée (clustering) et spécifiquement au clustering collaboratif. Nous nous basons sur l'apprentissage automatiques de modèles probabilistes de classification à base de prototypes (GTM) qui permettant une visualisation des partitions découvertes.

L'apprentissage collaboratif (Pedrycz, 2002) est un sujet émergent en fouille de données et quelques travaux ont été réalisés récemment, (Pedrycz, 2002; Pedrycz et Hirota, 2008; Grozavu et al., 2011; Grozavu et Bennani, 2010). Dans cette étude, nous nous plaçons dans une situation où nous avons un ensemble de données distribuées sur différents sites. Il pourrait s'agir de données décrivant les clients d'institutions bancaires, de magasins, ou d'organisations médicales. Les données distribuées peuvent contenir différents individus décrits par les mêmes variables, ou les mêmes individus décrits par différents variables. Le but ultime de chaque organisation est de découvrir la structure de son ensemble de données. Cette découverte peut être raffinée en tenant compte des analyses effectuées par les différents sites, afin de produire une image fidèle de la structure globale cachée dans les différentes bases de données, sans avoir un accès direct aux données des autres sites. Ce type de méthode peut être utilisé lorsque la classification d'un grand ensemble de données unique n'est pas réalisable d'un point de vue technique. Une approche collaborative permettrait de distribuer les classifications et procéder à une fusion des différents résultats. Un autre cas qui pourrait nécessiter un apprentissage collaboratif se présente lorsque chaque site contient des données confidentielles qui sont inaccessibles aux autres sites. Dans ce cas, le partage d'information sur la structure des données peut être possible sans violer la contrainte de confidentialité et être utilisé pour améliorer les résultats d'un clustering local.

Le clustering collaboratif dépend de certains paramètres qui peuvent avoir un impact important sur les résultats finaux (Grozavu et Bennani, 2010). C'est le cas de la matrice de confiance de la collaboration, qui indique le poids de l'influence du collaborateur sur le résultat final (Grozavu et al., 2011). Cette matrice de confiance est essentielle dans le cas de la collaboration, parce que le paramétrage du poids de collaboration pour chaque lien de collaboration peut dégrader les résultats définitifs s'il n'est pas défini correctement. Dans le cas de l'apprentissage non supervisé collaboratif, aucune connaissance n'est disponible et le plus souvent ce paramètre est réglé à 1 (neutre) pour éviter une discordance dans la collaboration. Cependant, une estimation des valeurs optimales de ce paramètre pourrait améliorer la qualité de la collaboration. Dans cet article, nous étudions l'impact de la diversité entre les collaborateurs sur la qualité de la collaboration et le rôle potentiel de cette mesure dans le calcul de paramètres optimaux pour la matrice de confiance. L'objectif est donc d'étudier le bénéfice potentiel de mesures de diversité pour une collaboration sélective et efficace. La notion de diversité commence à être de plus en plus utilisée pour différentes tâches dans l'apprentissage artificiel. Dans l'apprentissage par ensemble (consensus learning), les mesures de diversités peuvent être utilisées pour évaluer et améliorer la précision d'un classificateur (Kuncheva et Whitaker, 2003; Aksela, 2003; Banfield et al., 2003; Ruta, 2003) ou d'un ensemble de classifieurs (Fern et Brodley, 2003; Kuncheva, 2004; Hadjitodorov et al., 2006; Gullo et al., 2009). L'idée principale d'un clustering par ensemble est que chaque membre de l'ensemble n'est pas parfait et peut faire des erreurs (Kuncheva, 2004). Cependant, différents classificateurs font des erreurs différentes et il est possible de compléter chaque classificateur avec d'autres qui font des erreurs sur différents objets. Un consensus entre les classificateurs est alors atteint pour obtenir la partition finale, en utilisant par exemple un vote à la majorité. La diversité des résultats de classificateurs est donc une condition essentielle pour une bonne qualité de l'apprentissage par ensemble. Intuitivement, nous voulons que la qualité des membres de l'ensemble soient aussi bonne que possible, et au cas où ils font des erreurs, ces erreurs devraient être sur différentes observations (Kuncheva, 2004).

Nous pensons que la même idée doit être applicable pour le Clustering Collaboratif. Nous étudions donc ici le lien entre la diversité entre deux collaborateurs potentiels et la précision (pureté) acquise au cours du processus de collaboration. Comme il n'y a pas de consensus sur le meilleur indice de diversité à utiliser, nous avons également testé et comparé plusieurs mesures de diversité différentes.

Le reste de ce papier est organisé comme suit : dans la section 2, nous présentons l'algorithme de Clustering Topologique Collaboratif utilisé dans cette étude. La section 3 présente les indices de diversité. Dans la section 4, nous présentons les résultats expérimentaux. Enfin, le document se termine par une conclusion dans la section 5.

2 Clustering Topologique Collaboratif

Dans le cadre de la classification collaborative et selon la structure des bases de données en collaboration, on distingue trois principaux types de collaboration : horizontale, verticale et hybride (Pedrycz, 2005). Dans ce travail, nous nous intéressons particulièrement à la collaboration horizontale.

La collaboration horizontale est la plus difficile, car dans ce cas les groupes des données sont décrits dans différents espaces : chaque base de données est décrite par des attributs différents, mais possède les mêmes individus que les autres bases. Le problème est : *comment faire collaborer des partitionnements issus d'une collection de classifications à partir de caractéristiques différentes ?* Pour ce type de problème, la validation des résultats de la collaboration devient difficile, car tous les partitionnements sont 'corrects' mais obtenus avec différentes représentations. Au contraire, la collaboration verticale consiste à faire collaborer des classifications non supervisées issues de différentes bases de données décrites par les mêmes attributs, mais ne possédant pas les mêmes individus. Lorsque les collaborateurs partagent certains individus et certains attributs seulement, on parle de collaboration hybride.

Dans le cadre de cette étude, nous étudierons la collaboration horizontale entre plusieurs classifications non supervisées issues chacune d'une carte auto-organisatrice. Chaque base de données sera classifiée grâce à l'approche SOM, et afin de simplifier le formalisme, les cartes des différentes bases de données auront les mêmes dimensions (nombre de neurones) et la même structure (topologie).

Dans le cas d'un partitionnement horizontal, toutes les bases de données sont décrites par les mêmes individus mais dans différents espaces de description (décrits par différentes variables) : le nombre d'individus est le même mais le nombre de variables est différent. L'idée fondatrice de base du principe de la collaboration horizontale entre les différentes cartes SOM est la suivante : si un individu de la ii-ème base de données est projeté sur le j-ème neurone de la ii-ème carte SOM, alors ce même individu dans la jj-ème base de données se projettera sur le même neurone j de la jj-ème carte ou sur un de ses neurones voisins. En d'autres termes, les neurones qui correspondent sur les différentes cartes doivent capter les mêmes individus. C'est pourquoi nous avons rajouté à la fonction objective classique des cartes SOM un terme supplémentaire reflétant ce principe de collaboration. Nous avons pondéré cette fonction par un paramètre de collaboration qui est fixé et qui représentera la confiance de collaboration entre la classification $[ii]$ et la classification $[jj]$.

Formellement, la fonction objective pour l'apprentissage collaboratif topologique est composée de deux termes :

$$R_H^{[ii]}(W) = R_{Quantiz}(W) + R_{Collab}(W)$$

avec

$$R_{Quantiz}(W) = \sum_{jj=1, jj\neq ii}^{P} \alpha_{[ii]}^{[jj]} \sum_{i=1}^{N} \sum_{j=1}^{|w|} \mathcal{K}_{\sigma(j,\chi(x_i))}^{[ii]} \|x_i^{[ii]} - w_j^{[ii]}\|^2$$

et

$$R_{Collab}(W) = \sum_{jj=1, jj\neq ii}^{P} \beta_{[ii]}^{[jj]} \sum_{i=1}^{N} \sum_{j=1}^{|w|} \left(\mathcal{K}_{\sigma(j,\chi(x_i))}^{[ii]} - \mathcal{K}_{\sigma(j,\chi(x_i))}^{[jj]} \right)^2 * \|x_i^{[ii]} - w_j^{[ii]}\|^2$$

où P est le nombre de bases de données (ou de classifications), N le nombre d'individus, $|w|$ est le nombre de vecteurs référents sur la carte SOM ii (nombre de neurones).

$\chi(x_i)$ est la fonction d'affectation qui permet de trouver le neurone gagnant (BMU : Best Match Unit), elle sélectionne le neurone dont le référent (prototype) est le plus proche au sens de la distance Euclidienne de la donnée x_i :

$$\chi(x_i) = argmin\left(\|x_i - w_j\|^2\right)$$

$\sigma(i,j)$ est la distance entre deux neurones i et j de la carte, elle est définie comme étant la longueur de la plus courte chaîne permettant de relier les cellules i et j sur la carte SOM.

$K^{[cc]}_{\sigma(i,j)}$ est la fonction de voisinage sur la carte $SOM[cc]$ entre deux cellules i et j. Elle dépend de la distance entre les deux neurones et elle est définie de la manière suivante :

$$K^{[cc]}_{\sigma(i,j)} = exp\left(-\frac{\sigma^2(i,j)}{T^2}\right)$$

où T représente la température qui permet de contrôler la taille du voisinage d'influence d'une cellule sur la carte, celle-ci décroît avec le paramètre T. On peut faire décroître la valeur de T entre deux valeurs T_{max} et T_{min}. La nature de la fonction de voisinage $K^{[cc]}_{\sigma(i,j)}$ est identique pour toutes les cartes, mais sa valeur change d'une carte à l'autre : elle dépend du plus proche référent de l'exemple qui n'est pas forcément le même d'une carte à l'autre. En effet, durant la collaboration avec une carte SOM, l'algorithme prend en compte les référents de la carte ainsi que sa topologie (la fonction de voisinage). La valeur du paramètre de collaboration α est déterminé au cours de la première phase de l'algorithme de collaboration (l'apprentissage local), et $\beta = \alpha^2$. Ce paramètre permet de déterminer l'importance de la collaboration entre deux ensembles de données, c'est à dire d'apprendre la confiance de la collaboration entre tous les ensembles de données et les cartes topologiques respectivement (Grozavu et al., 2011). Sa valeur appartient à l'intervalle $[1 - 10]$. Elle est égale à 1 pour un lien neutre, quand aucune importance n'est donnée à la collaboration, alors qu'une valeur de 10 représente une collaboration maximale avec un autre résultat de clustering. Cette valeur varie au cours de chaque itération durant le processus d'apprentissage collaboratif. La valeur du paramètre de confiance dépend de la similitude topologique entre les deux cartes qui doivent collaborer. Dans notre cas, on ne peut pas utiliser les prototypes pour calculer ce paramètre en raison des différents espaces de caractéristiques. Pour calculer la matrice des prototypes après la collaboration, une optimisation par gradient est utilisée comme suit :

$$w^{*[ii]} = \arg\min_w \left[R^{[ii]}_H(\chi, w)\right] \tag{1}$$

avec

$$w^{*[ii]}_{jk}(t+1) = w^{*[ii]}_{jk}(t)$$
$$+ \frac{\sum_{i=1}^{N} K^{[ii]}_{\sigma(j,\chi(x_i))} x^{[ii]}_{ik} + \sum_{jj=1,jj\neq ii}^{P} \sum_{i=1}^{N} \alpha^{[jj]}_{[ii]} L_{ij} x^{[ii]}_{ik}}{\sum_{i=1}^{N} K^{[ii]}_{\sigma(j,\chi(x_i))} + \sum_{jj=1,jj\neq ii}^{P} \sum_{i=1}^{N} \alpha^{[jj]}_{[ii]} L_{ij}}$$

où

$$L_{ij} = \left(K^{[ii]}_{\sigma(j,\chi(x_i))} - K^{[ij]}_{\sigma(j,\chi(x_i))} \right)^2$$

Ainsi, au cours de la collaboration avec une carte SOM, l'algorithme prend en compte les prototypes de la carte distante et sa topologie (sa fonction de voisinage).

3 Les mesures de diversité

En Apprentissage d'Ensembles, à cause de la relation entre la diversité et les performances de l'ensemble, des mesures de diversité sont utilisées pour le choix des algorithmes individuels et de leurs combinaisons.

Plusieurs indices de diversité ont été proposés pour des tâches de classification (Kuncheva et Whitaker, 2003; Aksela, 2003; Banfield et al., 2003; Ruta, 2003) et de clustering (Fern et Brodley, 2003; Hadjitodorov et al., 2006; Gullo et al., 2009; Kuncheva, 2004) d'ensembles et utilisés pour améliorer la fonction de consensus.

Le résultat général est que la diversité de l'ensemble est en effet liée à la qualité des résultats obtenus. Une diversité ni trop faible, ni trop élevée, est préférable. Toutefois, la définition de l'indice de diversité est difficile et l'effet de la diversité est encore difficile à quantifier (Kuncheva et Whitaker, 2003).

Dans cet article, nous abordons la question de l'utilisation de la diversité pour une tâche différente. En effet, pour les méthodes de collaboration non-supervisées il n'est pas question de trouver un consensus entre plusieurs partitions. Ici, l'objectif est d'obtenir la meilleure collaboration entre plusieurs clusters lors de l'apprentissage.

Nous définissons la diversité entre les deux collaborateurs potentiels comme la différence entre les deux partitions obtenues séparément par chacun de ces collaborateurs sur leur propre jeu de données. Une faible diversité signifie que les deux ensembles de données (qui représentent les mêmes objets dans deux espaces différents) sont partitionnés de la même façon par les deux algorithmes de clustering. Une grande diversité signifie que les deux jeux de données sont partitionnés d'une manière très différente, en raison de différences entre les deux méthodes de classification utilisées ou en raison de différences intrinsèques dans la représentation des données dans les deux espaces. Dans notre étude, une grande diversité est toujours due à une différence dans l'espace des données parce que nous avons utilisé le même algorithme pour partitionner les deux ensembles de données. Pour calculer l'indice de diversité, nous avons utilisé plusieurs indices classiques de similarité entre deux partitions de données. Ces indices sont généralement basés sur l'accord entre les deux partitions. Il y a accord si chaque paire d'objet est classé dans le même groupe dans les deux partitions ou dans différents groupes dans les deux partitions. Si les deux collaborateurs sont en accord, la diversité est faible, et inversement.

Par la suite nous notons $P1$ et $P2$ les deux partitions que nous souhaitons comparer. a_{11} est défini comme le nombre de paires d'objets appartenant au même cluster à la fois dans $P1$ et dans $P2$, a_{10} est le nombre de paires d'objets appartenant au même cluster dans $P1$ mais pas dans $P2$, et a_{01} et le nombre de paires appartenant au même cluster dans $P2$ mais pas dans $P1$. Pour finir, a_{00} est le nombre de paires d'objets appartenant à deux clusters différents dans $P1$ et dans $P2$.

3.1 Indice de Rand

L'indice de Rand (Rand, 1971) est un des plus utilisées. Il peut être défini de cette façon :

$$Rand \ = \ \frac{a_{00} + a_{11}}{a_{00} + a_{01} + a_{10} + a_{11}} \tag{2}$$

Cependant, cet indice ne tient pas compte du fait que l'accord entre les partitions pourrait se produire par hasard. Cela peut biaiser les résultats de façon importante pour les valeurs les plus élevées de concordance (Hubert et Arabie, 1985).

3.2 Indice de Rand Ajusté

Pour résoudre ce probleme, (Hubert et Arabie, 1985) propose l'indice de Rand Ajusté, qui calcule la concordance entre les deux partitions en prenant en compte la possibilité que l'accord entre les deux soit l'effet du hasard.

$$AdjustedRand = \frac{a_{00} + a_{11} - n_c}{a_{00} + a_{01} + a_{10} + a_{11} - n_c} \tag{3}$$

avec :

$$n_c = \frac{N(N^2+1) - (N+1)\sum n_i^2 - (N+1)\sum n_j^2 + \sum\sum \frac{n_{ij}^2}{N}}{2(N-1)} \tag{4}$$

où N est le nombre total d'objets, n_i est le nombre d'objets appartenant au cluster i dans $P1$, n_j est le nombre d'objets appartenant au cluster j dans $P2$ et n_{ij} le nombre d'objets dans les clusters i dans $P1$ et j dans $P2$.

Ici n_c est une estimation de l'accord moyen obtenus seulement par hasard.

3.3 L'indice de Jaccard

L'indice de Jaccard (Jaccard, 1912) suit la même idée que l'indice de Rand, mais sans tenir compte le nombre de paires d'objets classés dans des clusters différents à la fois dans $P1$ et dans $P2$.

$$Jaccard \ = \ \frac{a_{11}}{a_{01} + a_{10} + a_{11}} \tag{5}$$

3.4 Le coefficient de Wallace

Le coefficient de Wallace (Wallace, 1983) peut être plus informatif que l'indice de Rand Ajusté. Il donne en effet une information directionnelle sur la différence entre les partitions. Il peut être défini ainsi :

$$W_{P1 \to P2} = \frac{a_{11}}{a_{11} + a_{10}} \text{ and } W_{P2 \to P1} = \frac{a_{11}}{a_{11} + a_{01}} \tag{6}$$

Il faut noter que $W_{P1 \to P2} \neq W_{P2 \to P1}$.

3.5 Le coefficient de Wallace Ajusté

Pour la même raison que l'indice de Rand Ajusté, (Pinto et al., 2007) propose l'utilisation d'un indice ajusté pour s'assurer que l'accord n'est pas due au seul hasard :

$$AW_{P1 \to P2} = \frac{W_{P1 \to P2} - Wi_{P1 \to P2}}{1 - Wi_{P1 \to P2}} \tag{7}$$

avec

$$Wi_{P1 \to P2} = \frac{1}{N(N-1)} \sum_i^{|P2|} n_i(n_i - 1) \tag{8}$$

où N est le nombre total d'objets et n_i le nombre d'objets dans le cluster i de la partition $P2$.

3.6 Information Mutuelle Normalisée

Il existe d'autres types d'indices de concordance entre partition, par exemple basés sur la théorie de l'information.

En particulier, l'indice d'Information Mutuelle Normalisée peut être utilisé pour calculer l'information partagée entre deux partitions (Witten et Frank, 2005) :

$$NMI = \frac{-2 \sum_{ij} n_{ij} \log \frac{n_{ij} N}{n_i n_j}}{\sum_i n_i \log \frac{n_i}{N} + \sum_j n_j \log \frac{n_j}{N}} \tag{9}$$

avec N le nombre total d'objets, n_i est le nombre d'objets appartenant au cluster i dans $P1$, n_j est le nombre d'objets appartenant au cluster j dans $P2$ et n_{ij} le nombre d'objets dans les clusters i dans $P1$ et j dans $P2$.

3.7 La Variation de l'Information

La variation de l'information est un autre indice basé sur la théorie de l'information. Cet indice calcule la quantité d'information inclus dans chacune des partitions, et la quantité d'informations qu'une partition peut donner sur l'autre partition (Meila, 2007).

$$VI = -2 \sum_{ij} \frac{n_{ij}}{N} \log \frac{n_{ij} N}{n_i n_j} - \sum_i \frac{n_i}{N} \log \frac{n_i}{N} - \sum_j \frac{n_j}{N} \log \frac{n_j}{N} \tag{10}$$

avec N le nombre total d'objets, n_i est le nombre d'objets appartenant au cluster i dans $P1$, n_j est le nombre d'objets appartenant au cluster j dans $P2$ et n_{ij} le nombre d'objets dans les clusters i dans $P1$ et j dans $P2$.

4 Résultats expérimentaux

Pour évaluer l'impact de la diversité sur le clustering collaboratif, nous avons utilisé quatre bases de données de taille et de complexité différente.

4.1 Datasets

Nous avons effectué plusieurs expériences sur quatre bases de données (une base artificielles et trois bases de données réelles)(Asuncion et Newman, 2007).

Les bases utilisées dans cette étude sont :

— *Vagues de Breiman* : base de données artificielle composée de 5000 exemples divisés en 3 classes. La base originale comporte 21 variables artificiellement générées, 19 variables additionnelles, distribuées selon une loi normale, ont été rajoutées sous forme de bruit.

— *Wisconsin Diagnostic Breast Cancer (WDBC)* : ce jeu de données contient 569 individus décrits par 32 variables. 357 individus sont atteints de tumeurs bénignes et les 212 autres ont de tumeurs malignes. Les variables décrivent les caractéristiques des noyaux des cellules présentes dans l'image numérique.

— *Isolet* : 150 sujets prononcent le nom de chaque lettre de l'alphabet à deux reprises. Ainsi, nous avons 52 exemples de chaque locuteur. Les données sont constituées de 1559 individus et 617 variables. Toutes les variables sont continues.

— *SpamBase* : un jeu de données composé de 4601 observations décrites par 57 variables, chacune décrivant un mail et sa catégorie : spam ou non-spam. Les attributs descriptifs de ces mails sont les fréquences d'apparition de certains mots ou caractères ainsi que des informations sur la quantité de caractères mis en majuscule.

4.2 Estimation de la qualité

Comme critère pour évaluer la qualité de la collaboration, nous avons calculé le gain en précision (pureté) (Jain et Dubes, 1988) après collaboration par rapport au résultat de la phase locale (avant la collaboration).

Ainsi, pour utiliser cette approche de validation, nous devons utiliser de données étiquetées, où la connaissance externe est l'information de classe fournies par les étiquettes. Par conséquent, si les méthodes de clustering trouvent des groupes importants dans les données, celles-ci seront prises en compte par la répartition des classes. Ainsi, un indice de pureté peut être exprimé comme le pourcentage d'éléments de la classe attribuée à un groupe.

La pureté d'une SOM est égale à la pureté moyenne de l'ensemble des neurones. Une SOM de bonne qualité doit avoir un degré élevé sur l'indice de pureté.

La pureté d'un neurone correspond au pourcentage de données appartenant à la classe majoritaire (Vesanto et Alhoniemi, 2000; Jain et al., 1999). En supposant connaître l'ensemble des classes des données $L = l_1, l_2, ..., l_{|L|}$ et l'ensemble des neurones $C = c_1, c_2, ..., c_{|C|}$, l'expression qui exprime la pureté d'une carte est la suivante :

$$purete = \sum_{k=1}^{|C|} \frac{c_k}{N} \times \frac{max_{i=1}^{|L|} |c_{ik}|}{|c_k|} \qquad (11)$$

où $|c_k|$ représente le nombre total de données associées au neurone c_k, $|c_{ik}|$ représente le nombre de données de la classe l_i qui sont associées au neurone c_k et N le nombre total des données.

4.3 Résultats expérimentaux sur la base Waveform

La base de données Waveform (Vagues de Breiman) est structurée en 3 classes (Figure 1). Les 20 premières variables de l'ensemble de données correspondent à des variables pertinentes et les vingt dernières variables sont bruitées (non-pertinentes). En analysant la Figure 2, il est facile de voir que le sous-ensemble de données db1 contient des variables pertinentes (les classes sont faciles à identifier) par rapport au sous-ensemble db6 contenant uniquement des variables bruitées. Intuitivement, même si la diversité entre un ensemble de données pertinentes et un ensemble de données bruitées est élevée, la collaboration ne devrait pas permettre d'améliorer les résultats. La présence de variables bruitées et pertinentes peut donc être utilisé pour générer les «bons» et les «mauvais» collaborateurs et pour prédire la diversité entre les collaborateurs ainsi que ses effets.

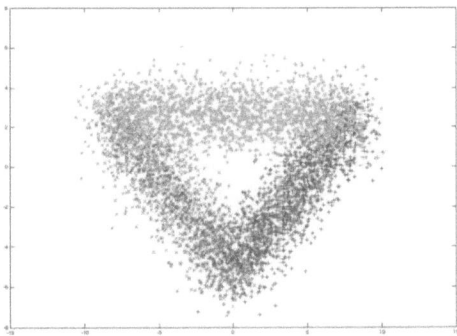

FIG. 1 – *Waveform : distribution de données*

Pour simplifier l'interprétation du principe de collaboration, dans cet exemple, nous supposons tout d'abord le scénario d'une collaboration entre 10 sites (10 sous-ensembles). Nous avons divisé le jeu de données Waveform de taille 5000×40 en dix sous-ensembles de la manière suivante : le premier sous-ensemble contenant les variables 1 à 4, le deuxième ensemble de données est composé de variables de 5 à 8, et ainsi de suite. Ainsi, les cinq premiers sous-ensembles (db1, db2, db3, db4, db5) sont composés de variables pertinentes et les cinq derniers sous-ensembles (db6, db7, db8, db9, db10) sont composés de variables bruitées.

La figure 2(a) représente la visualisation des données d'un sous-ensemble pertinent (db1) et la figure 2(b) représente un sous-ensemble bruité (db6). La visualisation est obtenue en utilisant une analyse en composantes principales (ACP) sur ces sous-ensembles et les couleurs représentent la distribution de données en classes.

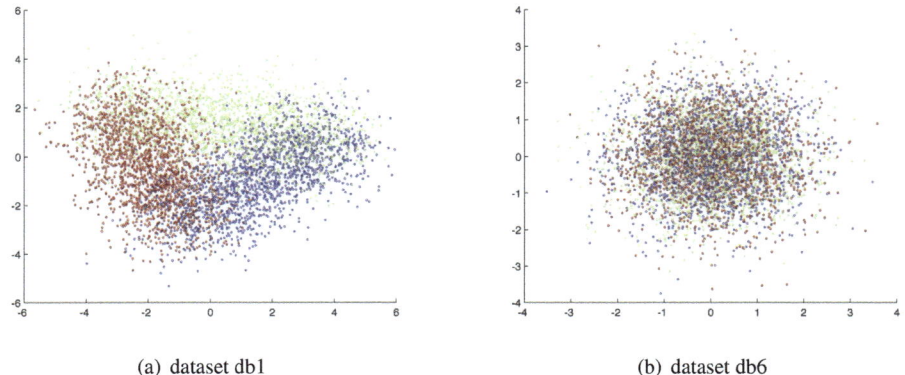

(a) dataset db1   (b) dataset db6

FIG. 2 – *La distribution de 4 sous-ensembles de données à collaborer*

L'un des défis du clustering non-supervisé collaboratif est le choix de la partition distante collaboratrice. Comme décrit dans la section 3 une mesure de la diversité doit être calculée avant la collaboration pour être utilisée comme une mesure de qualité du collaborateur potentiel. Dans cet exemple, nous savons que les cartes SOM obtenues sur les ensembles de données bruitées sont des collaborateurs de "mauvaise" qualité car ils n'ont pas d'information pertinente à partager, alors que les cartes SOM obtenues sur les variables pertinentes sont des collaborateurs "fiables".

Nous avons d'abord construit une carte SOM (phase locale) pour tous ces sous-ensembles de données avec une carte de taille 10×10. Ensuite, nous avons calculé les indices de diversité introduits dans la section 3 pour six paires de sous-ensembles (Tableau 1). Ces résultats représentent les mesures de diversité calculées pour les classifications obtenues à partir des ensembles de données pertinents (db2/db3 et db3/db4), la diversité calculée entre un résultat pertinent vs un résultat bruité (db2/db8 et db4/db9), et finalement la diversité obtenue entre les classifications issues de sous-ensemble contenant des variables bruitées seulement (db7/db8 et db9/db10).

Les mesures de Rand, Jaccard, Wallace, Wallace ajusté et VI (Variation of Information) ne donnent pas une bonne indication de la diversité entre les classifications, car ils sont très similaires (valeurs proches) pour toutes les comparaisons. Par exemple, pour l'indice de Rand, il est difficile de souligner que la diversité entre les cartes SOM issues de db2 et db3 (deux classifications pertinentes) est beaucoup plus élevé par rapport à la diversité entre db4 et db9 (db4 - classification pertinente et db9 - classification non-pertinente); la différence entre les deux est de 0,12 et supérieur à 0,5. Plus compliquée est la comparaison entre les diversités obtenus en utilisant des ensembles de données pertinentes vs bruitées et la comparaison entre les ensembles de données bruitées (dernières colonnes du Tableau 1) où les indices sont tous à 0,5.

TAB. 1 – *Differentes mesures de diveristé sur la base Waveform*

Subset	Relevant datasets		Relevant vs Noisy datasets datasets		Noisy datasets	
Diversity index	db2/db3	db3/db4	db2/db8	db4/db9	db7/db8	db9/db10
Rand	0.6707	0.7042	0.5539	0.555	0.543	0.5553
Adjusted Rand	0.2625	0.3356	0.00008	0.0002	0.00002	0.00004
Jaccard	0.3429	0.3869	0.2017	0.2008	0.2	0.2003
Wallace's coefficient	0.5079	0.5578	0.3332	0.3342	0.33	0.3334
Adjusted Wallace	0.5135	0.5581	0.3383	0.3347	0.35	0.3411
NMI	0.262	0.3072	0.0002	0.0006	0.0003	0.0004
Var. of Information	2.334	2.1918	3.1577	3.1631	3.168	3.1664

En analysant l'indice de Rand ajusté (AR) et la mesure NMI (Normalized Mutual Information), il est facile de constater que la diversité entre les classifications pertinentes (db2/db3 et db3/db4) est beaucoup plus élevée par rapport à la diversité obtenue à partir de classifications bruitées (db2/db8 et db4/db9) : de 0,33 à 0.2e-3. En outre, la diversité entre les classifications bruitées db7/db8 et db9/db10 est également beaucoup plus faible par rapport à la diversité obtenue à partir de classifications pertinentes. Donc, ces indices nous permettent de détecter facilement les classifications pertinentes à collaborer et les classifications pertinentes à ne pas utiliser pour la collaboration.

Compte tenu de ces résultats, notre choix dans ce travail est d'utiliser l'indice de Rand ajusté pour mesurer la diversité. La diversité entre deux collaborateurs est représenté par $1 - Adjusted\ Rand\ index$.

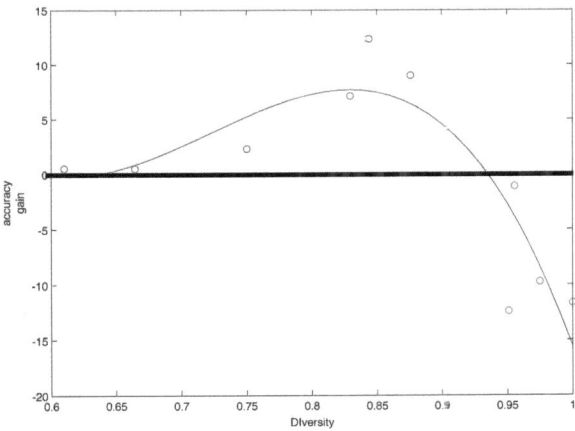

FIG. 3 – *La diversité et le gain de la pureté après une collaboration*

La figure 3 présente la diversité par rapport au gain de pureté obtenu après la collaboration sur ces 10 sous-ensembles issus de la base de données Waveform. L'axe des abscisses représente l'indice de la diversité et l'ordonnée représente le gain obtenu après la collaboration (différence entre la pureté initiale et après la collaboration - de -13,02 % à 12,7 %). Notez que les étiquettes de la classe réelle de la base de données Waveform ont été utilisés uniquement pour la validation et non pour l'apprentissage de la carte. Les résultats (Figure 3) montrent que si la diversité est très grande (diversité proche de 1) l'indice de pureté diminuera après la collaboration, et si la diversité est faible, la précision ne change pas de façon significative (proche de 0). L'indice de pureté augmentera davantage dans le cas d'une diversité moyenne (0,6 à 0,9), si la collaboration est faite avec une carte pertinente, et il peut diminuer dans le cas de la coopération avec une carte contenant de variables bruitées (non-pertinente).

Cette étude montre que si la diversité est très élevée (proche de 0,9) l'algorithme de collaboration ne doit pas tenir compte de la partition correspondante, mais que si la diversité est faible, en général la collaboration ne permettra pas de produire une plus grande pureté, sans pour autant diminuer la qualité de la carte.

Pour poursuivre l'analyse des effets de la diversité sur la collaboration, nous avons effectué 1000 expériences pour chaque sous-ensemble de données, où chaque expérience représente une collaboration entre un sous-ensemble fixe et un sous-ensemble choisi au hasard.

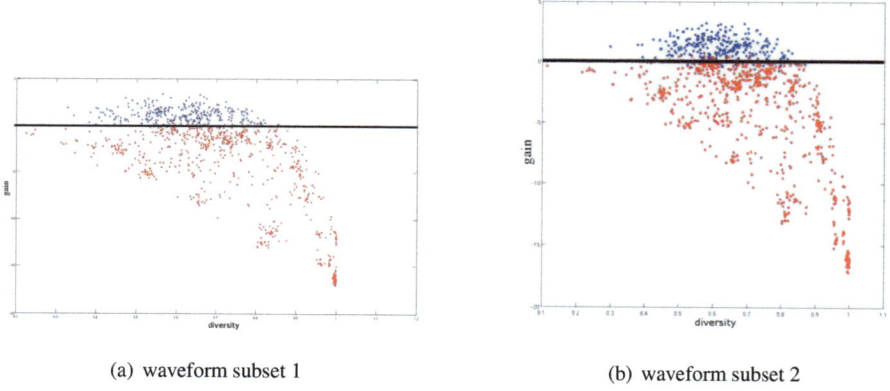

(a) waveform subset 1   (b) waveform subset 2

FIG. 4 – *Waveform : Les résultats de la collaboration entre un sous-ensemble fixe et 1000 sous-ensembles au hasard (axe X représente la diversité et l'axe Y - le gain de pureté)*

La figure 4 présente la visualisation de la pureté obtenue avant la collaboration et de la diversité entre chaque paire d'ensembles de données pour 1000 expériences choisies au hasard dans la base de données Waveform. Chaque image (figure 4(a) et 4(b)) correspond aux résultats obtenus après la collaboration de deux sous-ensembles fixes de la base de données waveform et 1000 sous-ensembles de tirés d'une manière aléatoire. Un point de couleur bleue indique que la collaboration a été faite avec un ensemble de données pertinent (variables non bruitées). La couleur rouge indique que la collaboration a été réalisée avec un ensemble de données moins pertinentes (contenant des variables bruitées). Les axes représentent la diversité (axe X : de 0 à 1) et la différence correspondante entre l'indice de pureté avant la collaboration et après la collaboration (axe Y).

Comme on peut le remarquer, lorsque la diversité est faible, le gain en pureté est également faible, mais lorsque la diversité est très élevée la pureté va également être basse. Dans ce cas, une diversité élevée signifie que l'ensemble de données est bruité alors que le sous-ensemble initial (fixé) contient des variables pertinentes, ce que signifie que les résultats de la collaboration dépendent aussi de la qualité du sous-ensemble en collaboration.

4.4 Validation sur d'autres bases de données

Dans cette section, nous présentons les résultats expérimentaux obtenus sur la base Waveform, Isolet, WDBC et SpamBase. Pour tous ces jeux de données, nous avons effectué plusieurs expériences entre un sous-ensemble fixe et 1000 sous-ensembles sélectionnés de manière aléatoire. Pour chaque expérience, la diversité et le gain en pureté a été calculé (présenté dans la Figure 5).

Comme on peut le noter en analysant les figures 5(b), 5(c), 5(d), les résultats sont proches de ceux obtenus sur la base de données Waveform (figure 5(a)), c'est à dire que dans le cas d'une diversité moyenne le gain en pureté augmentera après la collaboration.

Le choix de la diversité dépend aussi du jeu de données et ses caractéristiques. Pour le jeu de données Waveform (figure 5(a)) une "bonne" diversité est comprise entre 0.4 et 0.8. Mais on peut noter que la pureté après la collaboration entre de sous-ensembles de données ayant la diversité dans cet intervalle peut également diminuer (les points rouges dans l'image), ce que signifie que les collaborations ont été menées entre un collaborateur pertinent et un collaborateur non pertinent (contenant des variables bruitées). Pour le jeu de données SpamBase, l'indice de pureté après la collaboration va augmenter dans la majorité des cas, et il diminuera lorsque la diversité est très élevé (près de 0.9) comme on peut le noter à partir de la figure 5(b). Les expériences obtenues sur le jeu de données Isolet représenté sur la figure 5(c) montre que la pureté décroît quand la diversité entre les collaborateurs est dans l'intervalle [0.95 à 1]. Et, enfin, dans le cas du jeu de données WDBC (figure 5(d)), l'indice de pureté diminue pour une diversité situé dans la plage [0.85 à 1]. Tous ces expériences montrent un comportement similaire des résultats de collaboration vis-à-vis de la diversité, i.e. **une diversité moyenne entre les collaborateurs permet d'obtenir une performance plus élevé après la collaboration.**

Il convient de noter que, pour toutes ces expériences, la précision peut diminuer dans le cas d'une diversité moyenne si la collaboration est effectuée avec un sous-ensemble (collaborateur) moins pertinent. Donc, comme nous l'avons mentionné plus tôt, *la qualité du collaborateur est un indice très important dans le cas de l'apprentissage collaboratif* par rapport à l'apprentissage par ensemble où la diversité seule peut être suffisante pour conclure.

5 Conclusions

Ce papier étudie l'impact de la diversité dans le Clutering Collaboratif. Nous avons montré que seuls certains indices de diversité sont pertinents pour cette tâche, comparé à l'apprentissage par ensemble. Des expériences sur des jeux de données artificiels et réels démontrent l'importance de la diversité sur la qualité de la collaboration. Généralement, la variabilité de la qualité de la collaboration augmente avec la diversité. En effet, une grande diversité signifie que le collaborateur potentiel fourni un partitionnement très différent, qui peut être une

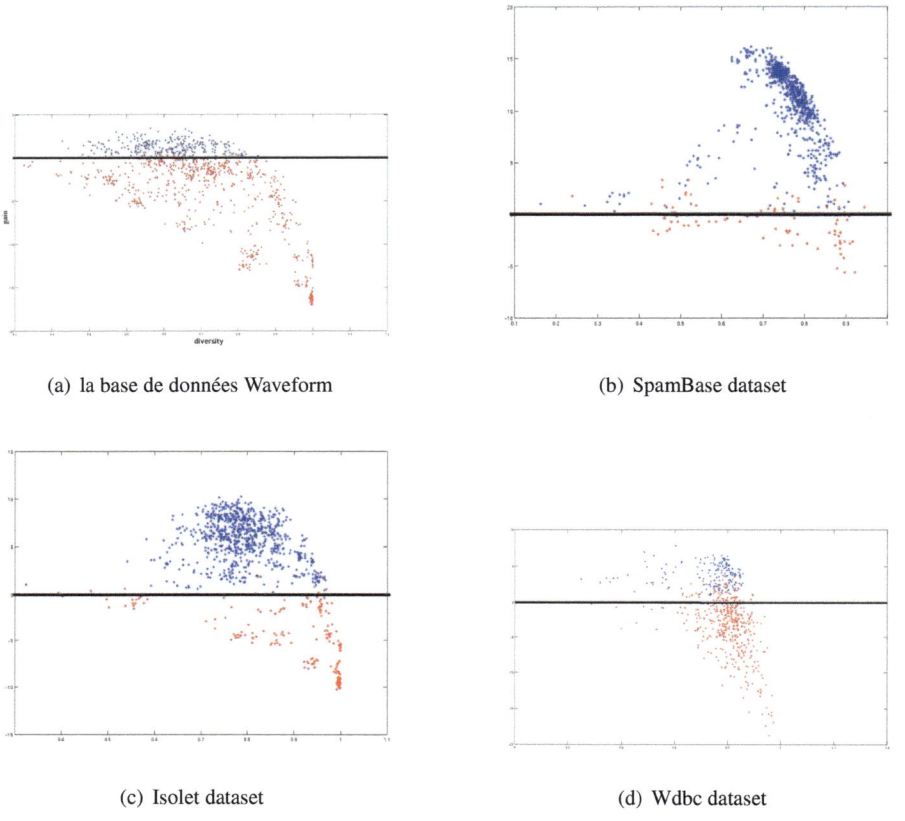

(a) la base de données Waveform

(b) SpamBase dataset

(c) Isolet dataset

(d) Wdbc dataset

FIG. 5 – *Les résultats de la collaboration entre un sous-ensemble fixe et 1000 sous-ensembles au hasard (axe X représente la diversité et l'axe Y - le gain de pureté)*

très bonne solution (dans ce cas, il faudra l'utiliser pour la collaboration) ou un très mauvais résultat (dans ce cas, la qualité de la collaboration sera inférieure qu'avant la collaboration). Une faible diversité signifie que les deux résultats de clustering sont très similaires, et aucun des deux collaborateurs bénéficieront de la collaboration, puisqu'ils n'ont pas de nouvelles informations à partager.

Nous avons également montré que la qualité de l'algorithme de clustering sur le jeu de données local est très importante pour l'amélioration de la qualité de la collaboration en ce qui concerne l'indice de diversité. Si l'algorithme de clustering est efficace sur le jeu de données local, il va bénéficier de la collaboration en collaborant avec des collaborateurs pas trop divers, ni trop similaires. Toutefois, si l'algorithme n'est pas adapté à l'ensemble de données ou si l'ensemble de données est très bruitées et ne contient aucune information exploitable, une collaboration va probablement augmenter la qualité du clustering. Être en mesure d'évaluer la qualité du couple algorithme/données est donc très important pour le Clustering Collaboratif.

Dans le futur, nous allons intégrer des mesures de la diversité comme un guide pour un

Clustering Collaboratif Sélectif. Nous souhaitons proposer une méthode de collaboration entre plusieurs jeux de données avec un poids basé sur la diversité de chacun des collaborateurs potentiels, afin d'optimiser la qualité finale du Clustering Collaboratif.

6 Remerciements

Ce travail a été soutenu par l'ANR-MN COCLICO Project.

Références

Aksela, M. (2003). Comparison of Classifier Selection Methods for Improving Committee Performance. In T. Windeatt et F. Roli (Eds.), *Multiple Classifier Systems*, Volume 2709 of *Lecture Notes in Computer Science*, pp. 84–93. Springer Berlin Heidelberg.

Asuncion, A. et D. Newman (2007). UCI Machine Learning Repository.

Banfield, R. E., L. O. Hall, K. W. Bowyer, et W. P. Kegelmeyer (2003). A new ensemble diversity measure applied to thinning ensembles. In *4th International Workshop on Multiple Classifier Systems*, pp. 306–316.

Fern, X. Z. et C. E. Brodley (2003). Random projection for high dimensional data clustering : A cluster ensemble approach. pp. 186–193.

Grozavu, N. et Y. Bennani (2010). Topological Collaborative Clustering. *in LNCS Springer of ICONIP'10 : 17th International Conference on Neural Information Processing*.

Grozavu, N., M. Ghassany, et Y. Bennani (2011). Learning confidence exchange in collaborative clustering. In *IJCNN*, pp. 872–879.

Gullo, F., A. Tagarelli, et S. Greco (2009). Diversity-Based Weighting Schemes for Clustering Ensembles. In *SDM*, pp. 437–448.

Hadjitodorov, S. T., L. I. Kuncheva, et L. P. Todorova (2006). Moderate diversity for better cluster ensembles. *Inf. Fusion 7*(3), 264–275.

Hubert, L. et P. Arabie (1985). Comparing Partitions. *Journal of the Classification 2*, 193–218.

Jaccard, P. (1912). The distribution of the flora in the alpine zone. *New Phytologist 11*(2), 37–50.

Jain, A. K. et R. C. Dubes (1988). *Algorithms for clustering data.* Upper Saddle River, NJ, USA : Prentice-Hall, Inc.

Jain, A. K., M. N. Murty, et P. J. Flynn (1999). Data clustering : a review. *ACM Computing Surveys 31*(3), 264–323.

Kuncheva, L. I. (2004). *Combining Pattern Classifiers : Methods and Algorithms.* Wiley-Interscience.

Kuncheva, L. I. et C. J. Whitaker (2003). Measures of Diversity in Classifier Ensembles and Their Relationship with the Ensemble Accuracy. *Mach. Learn. 51*(2), 181–207.

Meila, M. (2007). Comparing clusterings - an information based distance. *Journal of Multivariate Analysis 98*, 873–895.

Pedrycz, W. (2002). Collaborative fuzzy clustering. *Pattern Recognition Letters 23*(14), 1675–1686.

Pedrycz, W. (2005). Interpretation of clusters in the framework of shadowed sets. *Pattern Recogn. Lett. 26*(15), 2439–2449.

Pedrycz, W. et K. Hirota (2008). A consensus-driven fuzzy clustering. *Pattern Recogn. Lett. 29*(9), 1333–1343.

Pinto, F., J. Carrico, M. Ramirez, et J. Almeida (2007). Ranked Adjusted Rand : integrating distance and partition information in a measure of clustering agreement. *BMC Bioinformatics 8*(1), 44.

Rand, W. (1971). Objective criteria for the evaluation of clustering methods. *Journal of the American Statistical Association.*, 846–850.

Ruta, D. (2003). PhD Thesis : Classifier diversity in combined pattern recognition systems.

Vesanto, J. et E. Alhoniemi (2000). Clustering of the Self-Organizing Map. *Neural Networks, IEEE Transactions on 11*(3), 586–600.
English

Wallace, D. L. (1983). A Method for Comparing Two Hierarchical Clusterings : Comment. *Journal of the American Statistical Association 78*(383), pp. 569–576.

Witten, I. H. et E. Frank (2005). *Data Mining : Practical Machine Learning Tools and Techniques, Second Edition (Morgan Kaufmann Series in Data Management Systems).* San Francisco, CA, USA : Morgan Kaufmann Publishers Inc.

Summary

The aim of collaborative clustering is to reveal the common structure of data which are distributed on different sites. The topological collaborative clustering, based on Self-Organizing Maps (SOM) is an unsupervised learning method which is able to use the output of other SOMs from other sites during the learning. This paper investigates the impact of the diversity between collaborators on the collaboration's quality and presents a study of different diversity indexes for collaborative clustering. Based on experiments on artificial and real datasets, we demonstrated that the quality and the diversity of the collaboration can have an important impact on the quality of the collaboration and that not all diversity indexes are relevant for this task.

Une méthode d'ensemble en apprentissage non supervisé quand on ne connaît rien sur la performance des experts ?

Antoine Cornuéjols, Christine Martin

AgroParisTech, département MMIP et INRA UMR-518
16, rue Claude Bernard
F-75231 Paris Cedex 5 (France)
{antoine.cornuejols,christine.martin}@agroparistech.fr
http://www.agroparistech.fr/mia/equipes:membres:page:antoine

Résumé. Les méthodes d'ensemble ou les méthodes collaboratives supposent que la performance de chaque « expert » soit mesurable (cas de l'apprentissage supervisé) ou soit estimée *a priori* (cas non supervisé) afin d'attribuer un poids ou une confiance aux informations échangées pour construire la fonction de décision finale.

Nous présentons ici une méthode d'apprentissage non supervisé, dans le cas à deux classes inconnues, s'appuyant sur une base d'experts qui sont des boîtes noires dont la performance par rapport aux régularités cibles est inconnue. Nous montrons comment sélectionner automatiquement, dans cette base, des experts performants sur la tâche cible et comment combiner leur résultats pour obtenir une fonction de décision généralement aussi bonne ou meilleure que le meilleur expert (inconnu) de la base. Les expériences réalisées confirment le bon fonctionnement de la méthode.

1   Introduction

Les méthodes d'ensemble en apprentissage artificiel consistent à chercher à profiter de l'expertise variée de diverses fonctions de décision pour obtenir par combinaison une fonction de décision finale que l'on espère meilleure que chacune des fonctions de décision considérée isolément. Ces méta-méthodes impliquent deux opérations principales, la première étant la *sélection* de fonctions de décision utiles, la seconde étant la *combinaison* des fonctions sélectionnées pour obtenir une fonction de décision finale agrégée. Les méthodes d'ensemble ont d'abord été développées en apprentissage supervisé dans divers contextes (*learning from expert advice* (Freund et Schapire (1997)), l'algorithme de majorité pondérée (Littlestone et Warmuth (1994)), l'apprentissage en-ligne (Cesa-Bianchi et Lugosi (2006)), ...). En apprentissage supervisé, en effet, il est possible d'estimer la performance de chaque fonction de décision, par exemple sur un ensemble de validation ou par validation croisée, ce qui permet de détecter les fonctions de décision utiles (ou faibles, c'est-à-dire au moins un peu meilleures que le hasard) et ensuite de les combiner en prenant en compte la performance mesurée de chaque fonction retenue.

En apprentissage non supervisé, la situation est beaucoup moins claire. Comme en apprentissage supervisée, il n'existe pas de méthode universellement bonne, c'est-à-dire s'appliquant à tous les problèmes. Chaque méthode est biaisée vers la mise en évidence de certains types de régularités. Lorsqu'un nouveau problème est étudié, il n'est pas évident de savoir *a priori* si une méthode donnée est appropriée, et jusqu'à quel point, pour identifier les régularités espérées. Il est tout à fait possible qu'une méthode soit inadaptée pour identifier ce qui est recherché, comme il peut être illusoire d'attendre qu'un professeur de gymnastique sache détecter les élèves bons en math. Or, contrairement à l'apprentissage supervisé, il n'existe pas de juge de paix pour estimer la valeur des méthodes sur la tâche étudiée. Comment dès lors détecter les méthodes utiles et savoir en combiner les résultats ?

Les travaux existants sur les méthodes d'ensemble en apprentissage non supervisé n'affrontent pas ce problème dans toute sa généralité. L'hypothèse de départ est que les méthodes disponibles sont pertinentes à un degré ou un autre pour la tâche abordée. L'étape de sélection est ainsi court-circuitée. Le souci principal de ces méthodes d'ensemble est de réduire l'instabilité des méthodes de clustering, c'est-à-dire leur propension à retourner des résultats différents sur un même jeu de données, en combinant leurs résultats (Dimitriadou et al., 2001; Domeniconi et Al-Razgan, 2009). Si l'instabilité est effectivement réduite par cette approche, le résultat final n'est pas pour autant garanti d'être bon. L'agrégation d'avis d'"experts" dont certains peuvent ne pas être adaptés à la tâche n'a en effet pas de raison de donner miraculeusement un bon résultat. C'est pourquoi, des travaux récents proposent des méthodes pour sélectionner *a posteriori* les résultats à agréger en fonction de leur *qualité* et de leur *diversité* (Alizadeh et al., 2014; Fern et Lin, 2008). Malheureusement, les critères de qualité et de diversité traduisent eux-mêmes des *a priori* subjectifs et le problème de la sélection n'est donc pas véritablement résolu.

Les tâches les plus étudiées en apprentissage non supervisé comprennent (i) la découverte de classes dans un ensemble d'exemples, ce que l'on appelle le *clustering* ou *catégorisation*, (ii) la *sélection d'attributs* qui cherche à identifier les descripteurs informatifs pour un objectif donné et qui peut être considérée comme un cas particulier de clustering dans lequel on suppose *a priori* l'existence de deux classes : celle des attributs utiles et celle des autres attributs, et (iii) la recherche d'exemples "nouveaux" dans une population d'exemples jugés "nominaux" ou "normaux" quand les deux classes "nominal" et "nouveau" sont *a priori* non définies.

Dans la suite, nous nous intéresserons à des problèmes de clustering à deux classes, auxquels peuvent se rapporter également la sélection d'attributs et la détection de nouveautés, c'est-à-dire d'une classe nouvelle par rapport à une classe nominale. Cependant l'approche présentée peut s'étendre au tri ("ranking") d'un ensemble d'éléments, ce qui fera l'objet d'autres publications.

Dans le contexte de l'utilisation d'une méthode d'ensemble pour ce type de tâches, à quelles méthodes de base peut-on avoir recours ?

La plupart des travaux considèrent un ensemble de méthodes de clustering. Par exemple l'ensemble peut être constitué d'algorithmes de k-moyenne avec des valeurs de

k différentes, éventuellement aussi des distances différentes, en plus d'algorithmes utilisant d'autres principes. Cependant, prendre comme méthode de base des algorithmes de clustering peut comporter des risques.

Par exemple, lorsque l'une des classes à trouver est très minoritaire (e.g. moins de 5%), les méthodes classiques de clustering sont souvent de performance médiocre car, sauf dans le cas de classes très contrastées, elles ont tendance à produire des classes d'effectifs comparables. C'est pourquoi, en particulier en sélection d'attributs mais pas seulement, on a souvent recours à des méthodes d'évaluation des "objets" : attributs ou exemples, qui retournent soit un poids associé à chaque objet, soit un classement général de ces objets. C'est le cas par exemple des méthodes dites de *filtre* en sélection d'attributs, telles que RELIEF (Kononenko, 1994), ANOVA, ou *Symmetrical Uncertainty* qui est basée sur une mesure de gain d'entropie (voir (Press et al., 2007) p.761).

L'un des avantages de ces méthodes d'évaluation est qu'elles sont de complexité calculatoire réduite et sont donc rapides. Une des limites est que là aussi il n'existe évidemment pas de fonction d'évaluation universellement bonne pour trier de manière appropriée à toute tâche les objets. En l'absence d'information supplémentaire, l'utilisateur est donc réduit à espérer que la fonction d'évaluation qu'il emploie est effectivement "alignée" avec les régularités qu'il cherche à mettre en évidence. Il doit aussi en général fixer *a priori* un seuil de sélection ou un nombre d'objets à retenir.

Curieusement, à notre connaissance, il n'existe que très peu de publications sur l'emploi de méthodes d'ensemble dans le contexte de la sélection d'attributs. Si les mérites comparés des approches *"filter"*, *"wrapper"* et *"embedded"* donnent lieu à des débats nourris (Blum et Langley, 1997; Cornuéjols et Miclet, 2010; Guyon et Elisseeff, 2003; Kohavi et John, 1997), il ne semble pas que l'on ait tenté de comparer des méthodes de sélection d'attributs à des méthodes faibles, comme en apprentissage supervisé (Schapire et Freund, 2012; Zhou, 2012), et que l'on ait dès lors cherché à les sélectionner et les combiner dans l'espoir d'améliorer la performance globale. Ainsi, dans (Saeys et al., 2008), l'une des rares publications sur ce sujet, les auteurs préconisent une approche d'ensemble, mais c'est ici aussi pour améliorer la stabilité de la sélection d'attributs par rapport à des variations de l'ensemble des exemples. Les méthodes de sélection considérées sont engendrées en modifiant l'ensemble des exemples pris en compte par *une même méthode* de sélection et l'approche générale est celle du bagging. Si la stabilité est améliorée, la performance en terme de classification s'appuyant sur les attributs sélectionnés n'est pas modifiée de manière significative (moins de 1% dans le meilleur des cas). De plus, l'approche présuppose que la méthode de sélection de base, par exemple RELIEF, est appropriée. Ici aussi, il n'y a pas de véritable stratégie de sélection des méthodes de base. Elles sont toutes considérées *a priori* pertinentes et combinées par simple vote.

Dans le travail présenté ici, nous considérons des méthodes de base qui sont des fonctions d'évaluation. Nous supposons qu'est disponible une librairie $\mathcal{F}$ de fonctions d'évaluation d'objets, attributs ou exemples, pour lesquelles on ne connaît pas *a priori* leur pertinence pour la tâche en cours. Chaque fonction d'évaluation $f_i : \mathcal{X} \to \mathbb{R}$ permet d'associer un nombre à un objet $\mathbf{x}$. Appliquée à un échantillon de données $\mathcal{S}$, chacune de ces fonctions induit un tri sur $\mathcal{S}$ en plaçant par exemple en haut du classement produit les objets $\mathbf{x}$ d'évaluations les mieux évalués. Étant donné un seuil, il est alors possible de distinguer les objets '+' (au-dessus du seuil dans le classement) des objets '−'. On peut ainsi traiter des problèmes de clustering à deux classes, de sélection d'attributs ou de découverte de nouveautés.

La question posée alors est la suivante : étant donné un échantillon de m objets $\mathcal{S} = \{\mathbf{x}_1, \ldots, \mathbf{x}_m\}$ pour lesquels la seule supposition est qu'il existe une classe d'objets "nominaux" et une classe d'objets "nouveaux" ou "anormaux" (ou bien il s'agit d'attributs pertinents et non pertinents), est-il possible de sélectionner automatiquement des fonctions d'évaluation f_i utiles pour les identifier et peut-on combiner leurs résultats pour obtenir un résultat aussi bon, voire meilleur que la meilleure fonction d'évaluation dans $\mathcal{F}$ qui est inconnue *a priori* ?

Par exemple, la tâche étudiée pourrait être celle d'une administration fiscale cherchant à détecter les citoyens fraudeurs grâce à un fichier décrivant les contribuables, ou bien celle d'un biologiste voulant découvrir le sous-ensemble de gènes associés à la réponse d'un organisme à une condition environnementale donnée. Ces utilisateurs pourraient disposer de fonctions d'évaluation dont ils ne connaissent pas la pertinence pour la tâche visée. Leur serait-il alors possible d'utiliser une approche d'ensemble pour obtenir un classement final aussi bon, voire meilleur, que celui qui serait produit par la meilleure fonction d'évaluation disponible mais dont on en connaît pas l'identité ?

Dans la suite, nous montrons comment sélectionner des fonctions d'évaluation utiles, sans aucune information *a priori* sur leur mérite, et comment les combiner pour faire ressortir les exemples '+'. Nous avons appliqué l'algorithme résultant à des données artificielles inspirées d'un problème réel en génomique, montrant que, malgré la grande diversité des fonctions dévaluation initiales, seules des fonctions utiles sont sélectionnées, à l'aide desquelles un tri final sur $\mathcal{S}$ est réalisé, tendant à mettre en tête de classement les exemples '+'.

La méthode présentée est une méthode d'ensemble (Dietterich, 2000; Zhou, 2012) dont le principe est présenté en section 2. Pour être performante, une méthode d'ensemble doit recourir à des fonctions d'évaluation "diverses", c'est-à-dire peu corrélées. La section 3 présente une mesure de corrélation entre fonctions. Il faut ensuite savoir identifier les fonctions utiles (section 4), puis les combiner pour obtenir la fonction globale finale (section 6). La section 5 rapporte les expériences réalisées pour tester la validité de l'approche et les résultats obtenus. Les conclusions et les perspectives pour aller plus loin sont présentées en section 7.

2   Le principe de la méthode

On suppose que l'échantillon d'objets à analyser $\mathcal{S} = \{\mathbf{x}_1, \ldots, \mathbf{x}_m\}$ est issu d'un mélange de distributions sur l'espace d'entrée $\mathcal{X}$: la distribution $\mathbf{P}_{\mathcal{X}}^-$ des exemples nominaux et la distribution $\mathbf{P}_{\mathcal{X}}^+$ des exemples d'intérêt dont on cherche à identifier les représentants dans $\mathcal{S}$.

On suppose de plus que, dans l'ignorance d'une fonction permettant de distinguer sûrement les exemples de la classe '+' de ceux de la classe '−', on dispose d'une librairie $\mathcal{F}$ de fonctions d'évaluation ou fonctions de score $f_i : \mathcal{X} \to \mathbb{R}$ pour lesquelles on ne sait rien *a priori* de leur pertinence pour distinguer les deux classes, c'est-à-dire de leur

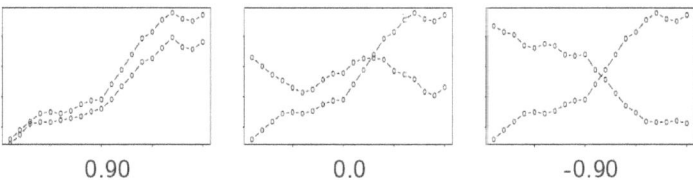

FIG. 1 – *Illustration de la mesure de corrélation de Pearson sur des couples de courbes.*

propension à donner un score supérieur (ou inférieur) aux objets de la classe '+' par rapport aux objets de la classe '−'.

2.1 Fonctions d'évaluation faibles

On espère que parmi les fonctions de $\mathcal{F}$ se trouvent des *fonctions d'évaluation faibles*, c'est-à-dire positivement corrélés, même faiblement, avec la fonction de tri idéale qui place tous les exemples de la classe '+' avant ceux de la classe '−'. Pour mesurer cette corrélation entre la méthode étudiée et la méthode idéale inconnue, on pourrait utiliser le *coefficient de corrélation de Pearson* s'appliquant directement aux scores :

$$S(f_i, f_j) \;=\; \frac{\sum_l (f_i^l - \mu_{f_i})(f_j^l - \mu_{f_j})}{\sqrt{\sum_l (f_i^l - \mu_{f_i})^2 (f_j^l - \mu_{f_j})^2}}$$

où f_i^l est le score associé à l'objet l par la fonction d'évaluation f_i, et μ_{f_i} est la moyenne des évaluations par la fonction f_i (voir figure 1).

ou bien utiliser le *coefficient de corrélation de rang de Spearman* s'appliquant sur les tris :

$$S(f_i, f_j) \;=\; 1 - 6 \sum_l \frac{(f_i^l - f_j^l)^2}{m(m^2 - 1)}$$

ici f_i^l désigne le rang assigné à l'objet l dans $\mathcal{S}$ par la fonction d'évaluation f_i.

Il est clair que pour être sûr d'avoir des fonctions d'évaluation faibles dans $\mathcal{F}$, il suffit de prendre les fonctions initiales f_i et d'ajouter dans $\mathcal{F}$ leur opposée, qui induit donc l'ordre inverse sur les objets de $\mathcal{S}$.

Il reste alors à identifier des fonctions d'évaluation faibles présentes dans $\mathcal{F}$ et à combiner leurs résultats pour obtenir un classement final sur les objets de $\mathcal{S}$.

2.2 Comment trouver des fonctions d'évaluation faibles

Les fonctions d'évaluation que nous cherchons doivent avoir tendance à placer les exemples de la classe '+' en tête du classement qu'elles induisent sur $\mathcal{S}$. Ainsi, ces fonctions d'évaluation sont-elles positivement corrélées entre elles sur le haut de leur classement des objets de $\mathcal{S}$. Il ne suffit cependant pas de sélectionner toutes les fonctions ainsi corrélées, car elles pourraient être corrélées indépendamment de l'échantillon d'objets, simplement car elles mesurent le même type de régularités dans les objets et ont donc tendance à être d'accord entre elles. À la limite, une fonction d'évaluation f_i et sa copie f_i' seront parfaitement corrélées sur $\mathcal{S}$, sans que cela ne révèle quelque chose sur $\mathcal{S}$ et la présence ou non d'objets de la classe '+' dans $\mathcal{S}$.

On ne retiendra donc que les fonctions d'évaluation positivement corrélées sur l'échantillon $\mathcal{S}$, et particulièrement sur le haut du classement, et décorrélées en général, c'est-à-dire sur des échantillons $\mathcal{S}_0$ quelconques (nous utilisons la notation $\mathcal{S}_0$ en référence à l'hypothèse nulle en statistique).

2.3   Combiner les résultats des fonctions d'évaluation faibles

Chaque fonction d'évaluation retenue produit un vecteur de scores associés aux objets $\mathbf{x}$ de $\mathcal{S}$ et induit un tri de $\mathcal{S}$. Plusieurs méthodes peuvent être utilisées pour combiner ces "sorties" et obtenir un classement final, voire une partition entre objets supposés de la classe '+' et ceux supposés de la classe '−'.

Parce que la répartition des scores dépend de paramètres propres aux fonctions d'évaluation qui ne sont pas nécessairement significatifs, l'approche la plus usitée pour combiner consiste à considérer les tris et non les scores. Dans ce cadre, la manière la plus directe d'opérer est d'utiliser le rang moyen obtenu par les objets pour calculer leur rang dans le tri final.

On pourrait cependant attribuer un poids à chaque fonction d'évaluation retenue et tenir compte de ce poids dans le calcul du tri final. Nous revenons sur cette question dans la section 6.

Dans la suite, nous détaillons la détection de fonctions d'évaluation faible en section 4 et les approches pour combiner leurs résultats en section 6. Nous commençons pas décrire la mesure de corrélation utilisée pour comparer les fonctions d'évaluation.

3   Mesurer les corrélations

Une mesure de corrélation entre fonctions d'évaluation mesure à quel point une information sur la valeur ou sur le classement d'un exemple par l'une des fonctions d'évaluation fournit une information sur la valeur ou sur le classement de cet exemple par l'autre fonction d'évaluation. Dans le cas des classements, les mesures les plus utilisées sont le coefficient de corrélation de rang de Kendall et le coefficient de corrélation de rang de Spearman. Dans le contexte de la recherche d'information, le *Discounted cumulative gain* (DCG) et sa version normalisée (NDCG) sont aussi très employés (Järvelin et Kekäläinen, 2002) (voir (Wang et al., 2013) pour une étude théorique de ses propriétés). L'avantage de NDCG est de pondérer la mesure de corrélation en prenant en compte le rang des objets triés et en favorisant les objets placés en haut du classement.

Cependant, lorsque l'on suppose l'existence de deux classes d'objets, le classement relatif des objets d'une classe n'a pas d'importance : tous les objets '+' (resp. '−') se valent. C'est pourquoi nous introduisons une autre mesure de corrélation proche de l'*indice de Jaccard* pour la comparaison de sous-ensembles d'éléments.

3.1 La mesure de corrélation utilisée

Dans la suite, nous appellerons top_n^i les n exemples de $\mathcal{S}$ les mieux classés par la fonction d'évaluation f_i.

Nous noterons $\cap_n^{i,j}$ l'intersection des top_n obtenus par deux fonctions d'évaluation f_i et f_j : $\cap_n^{i,j} = top_n^i \cap top_n^j$. Ainsi si $top_5^i = \{a, b, c, d, e\}$ et $top_5^j = \{g, a, f, e, d\}$, alors $top_5^{i,j} = \{a, d, e\}$.

Nous proposons ici une nouvelle mesure de corrélation s'appuyant sur la comparaison des top_n successifs des deux classements considérés. Précisément, la corrélation entre deux classements d'un ensemble par deux fonctions d'évaluation f_i et f_j sera caractérisée par la courbe $\mid \cap_n^{i,j} \mid$ pour $1 \le n \le m$ si $\mathrm{Card}(\mathcal{S}) = m$.

Cette mesure est inspirée de la *loi hypergéométrique* qui donne la loi probabiliste de la taille de l'intersection de deux tirages indépendants sans remise. On suppose qu'un tirage sans remise dans une urne de taille m tire n boules et les marque par une étiquette, par exemple « gagnant ». Les boules sont remises dans l'urne et un deuxième tirage de n boules a lieu. La taille de l'intersection des deux tirages est alors le nombre de boules marquées « gagnant » qui ont été tirées dans le second tirage. La loi hypergéométrique prédit :

$$\mathbf{p}(\mid \cap_n^{i,j} \mid = k) \;=\; \frac{\binom{n}{k} \cdot \binom{m-n}{n-k}}{\binom{m}{n}}$$

Par exemple, deux tirages aléatoires et indépendants de 500 éléments parmi 6000 ont une probabilité maximale d'avoir 42 éléments en commun. On remarquera que la valeur la plus probable vérifie $k/n = n/m$ (e.g. $42/500 \approx 500/6000$).

Si les résultats observés s'éloignent de ceux prédits par la loi hypergéométrique, les deux tirages ne sont probablement pas indépendants. Dans un cas extrême, l'un des tirages est une copie de l'autre, et la taille de l'intersection est donnée par : $\mid \cap_n^{i,j} \mid = n, (\forall n \le m)$. Dans le cas extrême inverse, le deuxième tirage tire autant que possible des boules non tirées par le premier. Ce cas est analogue à celui de deux méthodes de tri qui rangent les éléments en sens inverse. La loi de la taille d'intersection est alors donnée par une taille nulle jusqu'à $n = m/2$ puis par une croissance selon $\frac{2(n-(m/2))}{n}$ (voir figure 2). Il existe ainsi tout un spectre de comportements possibles de la loi de l'intersection selon le degré de corrélation des tirages.

3.2 Utilisation de la mesure de corrélation

Le principe de la méthode proposée consiste à mesurer la différence de comportement de la taille de l'intersection $\mid \cap_n^{i,j} \mid$ pour toute paire de fonctions d'évaluation sur l'échantillon d'intérêt $\mathcal{S}$ et sur des échantillons supposés quelconques $\mathcal{S}_0$. En effet, si les deux fonctions f_i et f_j sont nettement plus corrélées lorsqu'elles trient $\mathcal{S}$ que lorsqu'elles trient les $\mathcal{S}_0$, c'est que d'une certaine manière, elles détectent un « signal » dans $\mathcal{S}$ qui n'est pas généralement présent. En particulier, elles ont tendance à mettre les mêmes exemples en tête de leurs classements.

La figure 3 est typique d'une *surcorrélation* mesurée entre deux fonctions d'évaluation, ici ANOVA et RELIEF, sur des données correspondant à 6400 gènes dont l'activité

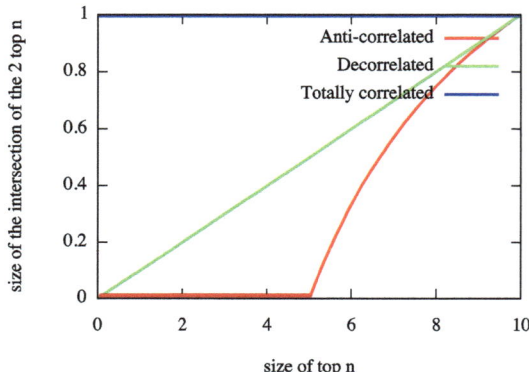

FIG. 2 – *Courbe $|\cap_n^{i,j}|/n$ en fonction de n. Deux tirages indépendants produisent en probabilité la diagonale. Deux tirages parfaitement corrélés sont tels que $|\cap_n^{i,j}|/n = 1 \quad (\forall n)$. Deux tirages anticorrélés produisent la courbe basse (en rouge). Tous les comportements possibles s'inscrivent entre ces deux courbes extrêmes.*

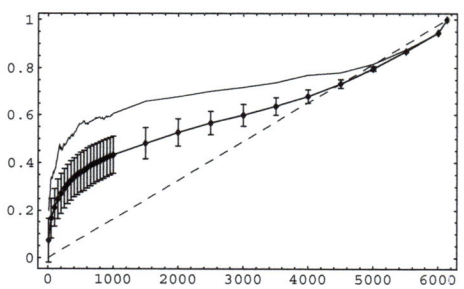

FIG. 3 – *Courbes de corrélation mesurées sur l'échantillon d'intérêt (courbe supérieure) et sur des échantillons quelconques (courbe avec l'écart-type indiqué par des barres).*

a été mesurée selon deux conditions. La courbe supérieure correspond à $|\cap_n^{i,j}|$ sur les données réelles, tandis que la courbe avec des intervalles de confiance correspondant à un écart-type, correspond à la moyenne de $|\cap_n^{i,j}|$ lorsque des échantillons $\mathcal{S}_0$ sont considérés (ici 100 échantillons $\mathcal{S}_0$).

En fonction de la force du signal détecté, la surcorrélation peut être plus ou moins marquée. De plus, la courbe de surcorrélation peut présenter un pic ou un maximum relatif qui peut être indicatif du nombre d'exemples '+' dans l'échantillon d'intérêt $\mathcal{S}$. C'est ce que montre la figure 4.

3.3   Étude théorique pour la combinaison de deux fonctions d'évaluation

On cherche ici à voir si un modèle théorique simple permet de rendre compte qualitativement des comportements mesurés empiriquement.

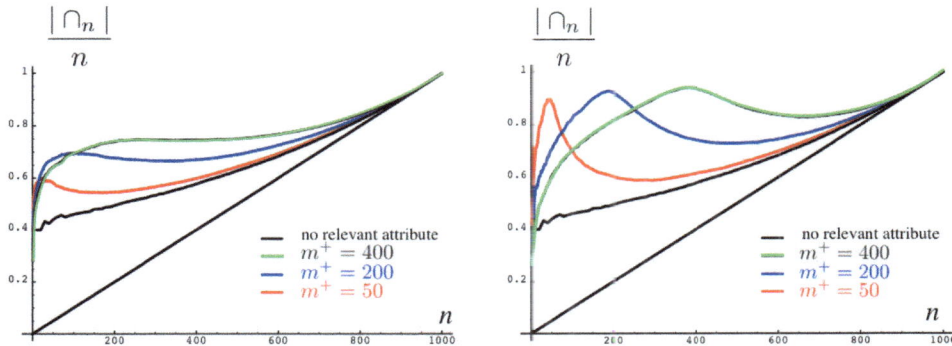

FIG. 4 – *Courbes de corrélation entre paires de tris obtenues pour des données artificielles pour diverses valeurs du nombre d'exemples '+' (50, 200 et 400 sur 1000 exemples au total), avec surcorrélation plus forte et des pics plus marqués à droite.*

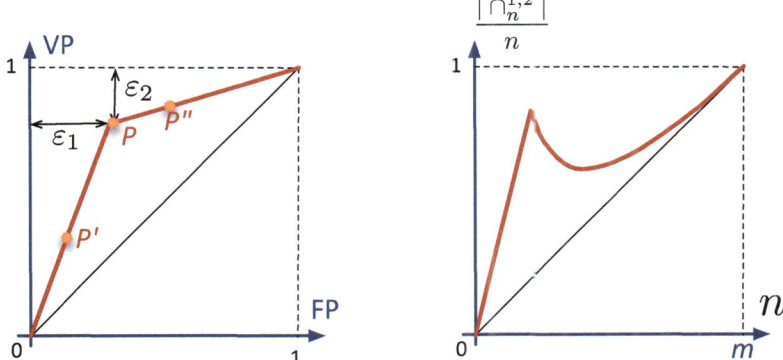

FIG. 5 – *(À gauche) Modèle de courbe ROC des fonctions d'évaluation utilisées dans l'étude théorique. (À droite) Courbe résultante de corrélation la plus probable.*

On suppose deux fonctions d'évaluation f_1 et f_2 définies de $\mathcal{X} \rightarrow \mathbb{R}$ caractérisées par une courbe ROC rendant compte de leur propension à ranger les éléments '+' avant les éléments '−'.

La courbe ROC considérée (voir figure 5) est la plus simple qui puisse rendre compte d'un comportement fréquent avec une assez bonne sélection des exemples '+' en haut du classement suivie d'un régime dégradé (voir Flach (2012)).

On suppose de plus ici que *les deux fonctions* considérées ont une *courbe ROC de même caractéristique* et que les deux fonctions sont *décorrélées dans leur classement étant donnée une classe d'exemples ('+' ou '−')*. Une étude plus poussée avec des fonctions de caractéristiques un peu différentes ne modifie pas qualitativement les résultats.

Afin de calculer la courbe de corrélation des fonctions f_1 et f_2, il faut considérer trois régimes, correspondant respectivement à (i) un point P' se déplaçant sur la droite pour $x < \varepsilon_1$, (ii) au point P pour lequel le taux de faux positifs vaut ε_1 et le taux de vrais positifs vaut $1 - \varepsilon_2$, et (iii) à un point P'' se déplaçant sur la droite quand $x > \varepsilon_1$.

On note m^- le nombre d'exemples de la classe '$-$' et m^+ le nombre d'exemples de la classe '$+$' contenus dans l'échantillon $\mathcal{S} = \{\mathbf{x}_1, \ldots, \mathbf{x}_m\}$

Pour ces trois régimes, on obtient les parties de courbes de corrélation les plus probables [1] suivantes (x désigne le taux de faux positifs et varie de 0 à 1) :

1. Pour $x < \varepsilon_1$.

   Après calculs, on trouve le nombre n d'éléments classés en haut (par f_1 et par f_2) faisant ressortir la proportion d'exemples '$+$' et d'exemples '$-$', et la taille de l'intersection des deux classements de f_1 et f_2 en fonction de x comme :

$$
\begin{cases}
n & = x\, m^- + \frac{1-\varepsilon_2}{\varepsilon_1}\, x\, m^+ \\[2mm]
|\cap_n^{1,2}| & = x^2\, m^- + \left(\frac{1-\varepsilon_2}{\varepsilon_1}\right)^2 x^2\, m^+
\end{cases}
\tag{1}
$$

   (La deuxième égalité utilise l'hypothèse que les fonctions f_1 et f_2 sont décorrélées entre elles étant donnée la classe. La taille de l'intersection dans les '$+$' et les '$-$' obéit donc à la loi hypergéométrique : par exemple, $|\cap_{n^-}^{1,2}| = \frac{(n^-)^2}{m^-}$ pour deux tirages de n^- exemples négatifs parmi m^-. D'où ici, pour les exemples négatifs : $|\cap_{n^-}^{1,2}| = (\frac{n^-}{m^-})^2 m^- = x^2\, m^-$. Le même raisonnement vaut pour les exemples positifs.)

   d'où la portion de courbe de corrélation d'équation :

$$
\frac{|\cap_n^{1,2}|}{n} = \frac{x^2\, m^- + \left(\frac{1-\varepsilon_2}{\varepsilon_1}\right)^2 x^2\, m^+}{x\, m^- + \frac{1-\varepsilon_2}{\varepsilon_1}\, x\, m^+} = x\, \frac{m^- + \left(\frac{1-\varepsilon_2}{\varepsilon_1}\right)^2 m^+}{m^- + \frac{1-\varepsilon_2}{\varepsilon_1}\, m^+}
\tag{2}
$$

2. Pour $x = \varepsilon_1$ (point P).

$$
\begin{cases}
n & = \varepsilon_1\, m^- + (1 - \varepsilon_2)\, m^+ \\[2mm]
|\cap_n^{1,2}| & = \varepsilon_1^2\, m^- + (1 - \varepsilon_2)^2\, m^+
\end{cases}
\tag{3}
$$

   qui donne le point :

$$
\frac{|\cap_n^{1,2}|}{n} = \frac{\varepsilon_1^2\, m^- + (1 - \varepsilon_2)^2\, m^+}{\varepsilon_1\, m^- + (1 - \varepsilon_2)\, m^+}
\tag{4}
$$

3. Pour $\varepsilon_1 < x$.

$$
\begin{cases}
n & = x\, m^- + \left[(1 - \varepsilon_2) + \frac{\varepsilon_2}{1-\varepsilon_1}(x - \varepsilon_1)\right] m^+ \\[2mm]
|\cap_n^{1,2}| & = x^2\, m^- + \left[(1 - \varepsilon_2) + \frac{\varepsilon_2}{1-\varepsilon_1}(x - \varepsilon_1)\right]^2 m^+
\end{cases}
\tag{5}
$$

   d'où l'équation de la courbe de corrélation pour cet intervalle :

$$
\frac{|\cap_n^{1,2}|}{n} = \frac{x^2\, m^- + \left[(1 - \varepsilon_2) + \frac{\varepsilon_2}{1-\varepsilon_1}(x - \varepsilon_1)\right]^2 m^+}{x\, m^- + \left[(1 - \varepsilon_2) + \frac{\varepsilon_2}{1-\varepsilon_1}(x - \varepsilon_1)\right] m^+}
\tag{6}
$$

---

1. Les calculs font appel à la loi hypergéométrique qui donne la taille de l'intersection la plus probable.

Ces équations donnent la courbe de corrélation $\frac{|\cap_n^{1,2}|}{n}$ la plus probable telle qu'apparaissant dans la figure 5 à droite. On constate le bon accord avec les courbes obtenues expérimentalement, malgré la simplicité du modèle.

4 La détection de fonctions utiles

La sélection de fonctions de base utiles s'opère selon l'algorithme 1. On trie d'abord les fonctions de $\mathcal{F}$ par surcorrélation décroissante, celle-ci étant la différence de corrélation mesurée sur l'échantillon de données $\mathcal{S}$ et la corrélation moyenne mesurée sur les échantillons aléatoires $\mathcal{S}_0$. On retient dans $\mathcal{F}'$ les fonctions dépassant un certain seuil de surcorrélation avec au moins une autre fonction.

Il est ensuite important de ne conserver autant que possible que des fonctions d'évaluation décorrélées entre elles. Cela peut se mesurer en examinant la surcorrélation de chaque fonction avec toutes les autres fonctions de $\mathcal{F}'$. Il faut que cette surcorrélation dépasse un seuil minimal. On devrait ne sélectionner que les fonctions de surcorrélation minimale avec chacune des autres fonctions qui seront finalement dans $\mathcal{F}''$. Cela nécessiterait cependant un algorithme assez lourd de satisfaction de contraintes. L'implémentation actuelle simplifie le problème en retenant les fonctions $f_i \in \mathcal{F}'$ dont la *somme* des surcorrélations avec les autres fonctions de $\mathcal{F}'$ dépasse un seuil minimal.

Algorithme 1 : Sélection de fonctions de base pertinentes

Entrées : La base d'exemples $\mathcal{S}$
L'ensemble $\mathcal{F}$ de fonctions d'évaluation de base
Sorties : Un sous-ensemble $\mathcal{F}'' \in \mathcal{F}$ de fonctions de base

Génération de N échantillons "aléatoires" $\mathcal{S}_0$;

pour tous les *couples de fonctions d'évaluation* $(f_i, f_j)_{(i \neq j)} \in \mathcal{F}$ **faire**
⌐ **Calculer la surcorrélation** de (f_i, f_j) sur $\mathcal{S}$ par rapport à la corrélation
⌐ moyenne sur les échantillons $\mathcal{S}_0$
fin pour tous

Sélectionner les fonctions d'évaluation $f_i \in \mathcal{F}$ de surcorrélation $\geq$
seuil_min_surcor : soit $\mathcal{F}'$

Initialisation : $\mathcal{F}'' = \emptyset$

pour tous les $f_i \in \mathcal{F}'$ **faire**
⌐ **si** $\sum_{j \neq i} surcorr(f_i, f_j) \geq seuil$ **alors**
⌐ ⌐ Mettre f_i dans $\mathcal{F}''$
fin pour tous

---

5 Expériences

Les expériences réalisées visent à tester la capacité de la méthode à sélectionner, dans l'ensemble $\mathcal{F}$, des fonctions d'évaluation positivement corrélées avec la fonction cible inconnue.

Pour ce faire, nous avons utilisé des données générées à l'aide d'un modèle génératif à deux distributions sur l'espace d'entrée $\mathcal{X} \in \mathbb{R}^d$: la distribution $\mathbf{P}_{\mathcal{X}}^-$ des exemples '−' et la distribution $\mathbf{P}_{\mathcal{X}}^+$ des exemples '+'. Un échantillon de données non supervisé $\mathcal{S} = \{\mathbf{x}_1, \ldots, \mathbf{x}_m\}$ comprenant m^+ exemples '+' et m^- exemples '−' est ainsi généré.

Puisque nous connaissons la classe de chaque exemple généré (mais pas la méthode), nous pouvons calculer la courbe ROC de chaque fonction d'évaluation $f_i \in \mathcal{F}$. Parmi ces fonctions, la moitié ont une corrélation positive avec la fonction cible et l'autre moitié une corrélation négative puisque nous considérons pour chaque fonction d'évaluation f_i son opposée $-f_i$. Une fonction d'évaluation aléatoire est ajoutée à $\mathcal{F}$. La corrélation d'une fonction f_i avec la fonction cible est mesurée par son aire sous la courbe ROC (AUC).

Pour chaque expérience, un échantillon $\mathcal{S}$ est engendré, ainsi que 100 échantillons aléatoires $\mathcal{S}_0$. Cer derniers sont obtenus par permutations dans les valeurs des colonnes de la matrice $\mathcal{S}$ afin de conserver la même distribution de valeurs pour chaque descripteur.

Les statistiques des résultats sont obtenues par répétition des expériences pour chaque jeu de paramètres étudié. Nous retenons ainsi :

1. l'AUC de la fonction $f_i \in \mathcal{F}$ d'AUC maximale, l'AUC de la fonction $f_j \in \mathcal{F}$ d'AUC minimale et l'AUC moyenne des fonctions de $\mathcal{F}$. Nous donnons également les écart-types mesurés.

2. les mêmes AUC dans l'ensemble $\mathcal{F}''$ des fonctions sélectionnées par la méthode. Nous pouvons ainsi contrôler que l'AUC minimale est > 0.5, c'est-à-dire que seules des fonctions positivement corrélées à la fonction cible sont sélectionnées. L'AUC moyenne permet de mesurer le gain d'AUC par rapport à l'AUC moyenne avant sélection (qui est quasiment égale à 0.5 (mais pas tout à fait en raison de la présence de la fonction d'évaluation aléatoire)).

Nous avons fait varier la difficulté de la tâche en bruitant plus ou moins les distributions $\mathbf{P}_{\mathcal{X}}^-$ et $\mathbf{P}_{\mathcal{X}}^+$. Concrètement, nous avons fait varier la variance de ces distributions gaussiennes.

L'importance du rapport $\frac{m^+}{m}$ des exemples '+' dans l'échantillon $\mathcal{S}$ a été testé avec les valeurs $40/320 = 1/8 \approx 12\%$, $80/320 = 1/4 = 25\%$, $120/320 = 3/8 \approx 37\%$ et $160/320 = 50\%$.

Les résultats rapportés dans le tableau 1 sont issues d'expériences répétées 10 fois pour chaque jeu de paramètres. Les écart-types étant très réduits, il n'était pas nécessaire de multiplier les expériences pour chaque jeu de valeurs. Ici, $m = 320$, le nombre de fonctions d'évaluation considéré est $|\mathcal{F}| = 49$ (24 fonctions d'évaluation et leurs opposées et une fonction d'évaluation aléatoire), la dimension de l'espace d'entrée $\mathcal{X}$ est $d = 20$.

La première chose à noter est que la pire fonction d'évaluation sélectionnée dans $\mathcal{F}''$ a toujours une AUC > 0.5. La méthode est donc capable d'éliminer les fonctions d'éva-

σ	$\frac{m^+}{m}$	Avant sélection		Après sélection			
		auc_m	auc^M	auc_m	auc^M	$\overline{\mathrm{auc}}$	AUC comb
1.5	$\frac{40}{320}$	0 ± 0	1 ± 0	$\mathbf{0.92} \pm 0.03$	1 ± 0	0.98 ± 0.01	$\mathbf{1} \pm 0$
	$\frac{80}{320}$	0 ± 0	1 ± 0	$\mathbf{0.87} \pm 0.06$	1 ± 0	0.97 ± 0.01	$\mathbf{1} \pm 0$
	$\frac{120}{320}$	0 ± 0	1 ± 0	$\mathbf{0.84} \pm 0.07$	1 ± 0	0.95 ± 0.01	$\mathbf{1} \pm 0$
2.5	$\frac{40}{320}$	0.02 ± 0.01	0.98 ± 0.01	$\mathbf{0.94} \pm 0.03$	0.98 ± 0.00	0.96 ± 0.02	$\mathbf{0.98} \pm 0.01$
	$\frac{80}{320}$	0.03 ± 0.01	0.98 ± 0.01	$\mathbf{0.85} \pm 0.05$	0.98 ± 0.01	0.91 ± 0.02	$\mathbf{0.97} \pm 0.01$
	$\frac{120}{320}$	0.03 ± 0.01	0.98 ± 0.01	$\mathbf{0.76} \pm 0.03$	0.98 ± 0.01	0.88 ± 0.02	$\mathbf{0.97} \pm 0.01$
	$\frac{160}{320}$	0.03 ± 0.01	0.98 ± 0.01	$\mathbf{0.73} \pm 0.04$	0.97 ± 0.01	0.85 ± 0.02	$\mathbf{0.95} \pm 0.01$
3.5	$\frac{40}{320}$	0.09 ± 0.02	0.91 ± 0.02	$\mathbf{0.75} \pm 0.06$	0.90 ± 0.03	0.83 ± 0.01	$\mathbf{0.90} \pm 0.03$
	$\frac{80}{320}$	0.09 ± 0.02	0.92 ± 0.02	$\mathbf{0.65} \pm 0.05$	0.92 ± 0.02	0.79 ± 0.02	$\mathbf{0.90} \pm 0.02$
	$\frac{120}{320}$	0.09 ± 0.02	0.91 ± 0.01	$\mathbf{0.64} \pm 0.04$	0.91 ± 0.01	0.77 ± 0.02	$\mathbf{0.89} \pm 0.02$
	$\frac{160}{320}$	0.10 ± 0.01	0.91 ± 0.02	$\mathbf{0.63} \pm 0.03$	0.91 ± 0.02	0.76 ± 0.02	$\mathbf{0.88} \pm 0.02$
4.5	$\frac{40}{320}$	0.13 ± 0.02	0.86 ± 0.02	$\mathbf{0.67} \pm 0.03$	0.86 ± 0.02	0.76 ± 0.02	$\mathbf{0.86} \pm 0.02$
	$\frac{80}{320}$	0.15 ± 0.02	0.85 ± 0.02	$\mathbf{0.65} \pm 0.03$	0.84 ± 0.03	0.75 ± 0.02	$\mathbf{0.84} \pm 0.03$
	$\frac{120}{320}$	0.15 ± 0.02	0.84 ± 0.02	$\mathbf{0.62} \pm 0.06$	0.84 ± 0.02	0.73 ± 0.03	$\mathbf{0.84} \pm 0.02$
	$\frac{160}{320}$	0.15 ± 0.01	0.85 ± 0.01	$\mathbf{0.61} \pm 0.03$	0.85 ± 0.01	0.72 ± 0.02	$\mathbf{0.83} \pm 0.03$

TAB. 1 – *Résultats expérimentaux en fonction des paramètres σ et proportion de la classe '+'. Notations : auc_m est l'AUC minimale, auc^M est l'AUC maximale, $\overline{\mathrm{auc}}$ est l'AUC moyenne, AUC comb est l'AUC obtenue après combinaison des fonctions sélectionnées (voir section 6).*

luation non positivement corrélées avec la fonction cible inconnue. Il arrive également que la meilleure fonction sélectionnée ne soit pas la meilleure fonction disponible dans l'ensemble initial $\mathcal{F}$. Cela signifie que cette meilleure fonction n'a pas été surcorrélée suffisamment avec une autre fonction de $\mathcal{F}$.

Quand la variance des distributions $\mathbf{P}_{\mathcal{X}}^-$ et $\mathbf{P}_{\mathcal{X}}^+$ augmente, et donc qu'il devient de plus en plus difficile de distinguer les exemples d'une classe par rapport à l'autre, l'AUC moyenne des fonctions sélectionnées dans $\mathcal{F}''$ diminue, mais nous verrons en section 6 que l'on peut en partie compenser cette perte par combinaison des évaluations des fonctions de $\mathcal{F}''$.

On observe que la proportion d'exemples de la classe '+' dans $\mathcal{S}$ modifie peu les résultats avec cependant des résultats un peu meilleurs pour des proportions plus faibles.

Par ailleurs, quand $\mathcal{F}$ contient 45 fonctions de base, comme c'est le cas dans les expériences rapportées ici, le nombre d'experts sélectionnés dans $\mathcal{F}''$ décroît de ≈ 10 pour les tâches faciles ($\sigma = 1.5$) à environ 5.5 pour les tâches plus difficiles ($\sigma = 4.5$). Le bruit dans les données réduit en effet le niveau de surcorrélation entre les fonctions de base, même si elles sont *a priori* bonnes pour la tâche cible.

Finalement, comme dernier test, nous n'avons mis dans $\mathcal{F}$ que des fonctions d'évaluation d'AUC < 0.5, c'est-à-dire négativement corrélées avec la fonction cible. Dans ce

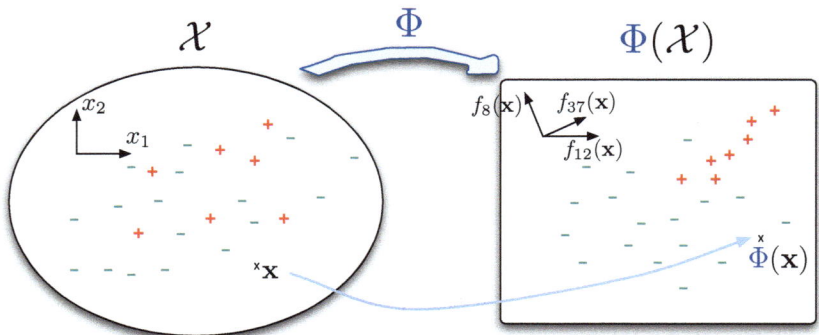

FIG. 6 – *Les points de $\mathcal{S}$ décrits dans l'espace d'entrée $\mathcal{X}$ sont projetés dans un espace $\Phi(\mathcal{X})$ dont les axes, les évaluations selon les fonctions d'évaluation, dépendent des caractéristiques de l'échantillon étudié $\mathcal{S}$.*

cas, dans environ 60% des expériences, le système sélectionne entre 2 et 4 fonctions de base, et la combinaison obtenue a alors une AUC < 0.5, c'est-à-dire que les exemples de la classe '−' ont tendance à être placés avant les exemples de la classe '+'. Il suffit cependant que 3 ou 4 fonctions de base soient positivement corrélées à la fonction cible pour que la sélection de fonctions négativement corrélées ne se produise plus.

6   La combinaison des résultats

Chacune des fonctions d'évaluation sélectionnées f_i dans $\mathcal{F}''$ produit une liste des exemples $\mathbf{x}$ de $\mathcal{S}$ triée par valeur décroissante de $f_i(\mathbf{x})$. Il est alors possible de décrire les exemples $\mathbf{x}$ dans un nouvel espace de description dont les axes sont les évaluations en fonction de chaque fonction d'évaluation $f_i \in \mathcal{F}''$ (voir figure 6). Dans ce nouvel espace, les coordonnées de chaque point $\mathbf{x}$ sont $(f_i(\mathbf{x}))_{f_i \in \mathcal{F}''}$.

Dans cet espace $\Phi(\mathcal{X})$, les points de la classe '+' ont tendance à être proches de la diagonale (car leurs classements par les f_i sont davantage corrélés) et à être éloignés de l'origine puisqu'ils ont des scores élevés.

Une méthode pour combiner les résultats des fonctions d'évaluation sélectionnées est donc de trier les exemples en mesurant la distance de leur projection sur la diagonale principale de l'espace $\Phi(\mathcal{X})$.

Cette méthode donne la même importance à toutes les fonctions f_i sélectionnées. Nous avons voulu donner plus de poids aux fonctions les plus surcorrélées aux autres fonctions de $\mathcal{F}''$ en pondérant les coordonnées par ce poids.

Nous utilisons donc une projection $\Phi(\mathcal{X})$ dans laquelle les coordonnées des points sont $w_i\,(f_i(\mathbf{x}))$, w_i dépendant de la surcorrélation de f_i avec les autres fonctions de $\mathcal{F}''$. Dans les expériences rapportées, w_i est une exponentielle de cette surcorrélation.

Les résultats obtenus avec cette stratégie de combinaison sont reportées dans la colonne de droite du tableau 1. Il est remarquable que malgré la difficulté croissante de distinguer les deux classes d'exemples, la méthode combinée reste très performante.

7 Conclusion et perspectives

À notre connaissance, c'est la première fois qu'une méthode d'ensemble en apprentissage non supervisée est présentée capable de fonctionner en partant d'une collection de fonctions d'évaluation de performances complètement inconnues.

Jusque là, les méthodes d'ensemble proposées dans le contexte du clustering présupposaient l'emploi de méthodes appropriées pour la tâche visée et cherchaient à en atténuer le biais et surtout la variance par rapport aux variations de l'échantillon.

Dans le cadre des expériences réalisées, notre méthode a montré sa capacité à identifier automatiquement des fonctions utiles dans un ensemble de fonctions quelconques. Par ailleurs, la combinaison des résultats de ces fonctions permet d'atteindre des performances proches de celle de la meilleure fonction d'évaluation inconnue *a priori*, et toujours bien meilleures que la moyenne des fonctions retenues, cela étant mesuré par les AUC des fonctions.

Si cette réalisation ouvre la possibilité d'utiliser des collections de fonctions d'évaluation sans chercher à les régler finement pour la tâche à résoudre, il reste cependant de nombreux points sur lesquels progresser.

D'abord, si le gain en AUC permis par la méthode est important, il ne suffit pas d'avoir une fonction de tri avec une bonne AUC pour avoir résolu le problème d'identifier deux classes d'objets. Il faut également déterminer un seuil de décision grâce auquel il devient possible de déterminer la classe d'un objet. L'observation des pics de surcorrélation (voir figures 3 et 4) offre une piste sérieuse pour la détermination de ce seuil, mais il reste cependant à préciser comment en déduire une valeur de seuil.

Pour cela, une étude théorique utilisant des modèles de fonctions d'évaluation (tel que le modèle à courbe ROC simplifié de la figure 5) sera certainement utile. Ce même type d'étude devrait également permettre de fonder rigoureusement une méthode de combinaison des résultats des fonctions d'évaluation en lieu et place de la méthode actuelle qui résulte d'une étude empirique et dont les résultats peuvent sans doute être encore améliorés.

La constitution et le rôle des échantillons aléatoires S_0 restent aussi un point à clarifier. Ces échantillons servent à mesurer la corrélation *a priori* des fonctions de base, mais ils servent également de référence par rapport à laquelle sont contrastés les classes d'objets '+' et '−'. Les conditions permettant de garantir que c'est bien la classe '+', celle qui est recherchée, qui sera identifiée, et non la classe '−' doivent être précisées.

Remerciements

Nous tenons à signaler que ce travail a connu ses premiers développements lors d'une étude préalable avec Romaric Gaudel en 2007 avant d'entrer en hibernation pour plusieurs années. Merci à lui.

Références

Alizadeh, H., B. Minael-Bigdoli, et H. Parvin (2014). To improve the quality of cluster ensembles by selecting a subset of base clusters. *Journal of Experimental & Theoretical Artificial Intelligence 26*(1), 127–150.

Blum, A. et P. Langley (1997). Selection of relevant features and examples in machine learning. *Artificial Intelligence journal* (97), 245–271.

Cesa-Bianchi, N. et G. Lugosi (2006). *Prediction, learning and games*. Cambridge University Press.

Cornuéjols, A. et L. Miclet (2010). *Apprentissage Artificiel. Concepts et algorithmes (2nd Ed.)*. Eyrolles.

Dietterich, T. G. (2000). Ensemble methods in machine learning. In *Multiple classifier systems*, pp. 1–15. Springer.

Dimitriadou, E., A. Weingessel, et K. Hornik (2001). Voting-merging : An ensemble method for clustering. In *Artificial Neural Networks—ICANN 2001*, pp. 217–224. Springer.

Domeniconi, C. et M. Al-Razgan (2009). Weighted cluster ensembles : Methods and analysis. *ACM Transactions on Knowledge Discovery from Data (TKDD) 2*(4), 17.

Fern, X. Z. et W. Lin (2008). Cluster ensemble selection. *Statistical Analysis and Data Mining 1*(3), 128–141.

Flach, P. (2012). *Machine learning : the art and science of algorithms that make sense of data*. Cambridge University Press.

Freund, Y. et R. E. Schapire (1997). A decision-theoretic generalization of on-line learning and an application to boosting. *Journal of computer and system sciences 55*(1), 119–139.

Guyon, I. et A. Elisseeff (2003). An introduction to variable and feature selection. *Journal of Machine Learning Research 3*, 1157–1182.

Järvelin, K. et J. Kekäläinen (2002). Cumulated gain-based evaluation of ir techniques. *ACM Transactions on Information Systems (TOIS) 20*(4), 422–446.

Kohavi, R. et G. John (1997). Wrappers for feature subset selection. *Artificial Intelligence journal*, 273–324.

Kononenko, I. (1994). Estimating attributes : analysis and extensions of relief. In *Machine Learning : ECML-94*, pp. 171–182. Springer.

Littlestone, N. et M. K. Warmuth (1994). The weighted majority algorithm. *Information and computation 108*(2), 212–261.

Press, W. H., S. Teukolsky, W. Vetterling, et B. Flannery (2007). *Numerical recipes 3rd edition : The art of scientific computing*. Cambridge university press.

Saeys, Y., T. Abeel, et Y. Van de Peer (2008). Robust feature selection using ensemble feature selection techniques. In *Machine learning and knowledge discovery in databases (ECML-PKDD-2008)*, pp. 313–325. Springer.

Schapire, R. E. et Y. Freund (2012). *Boosting : Foundations and Algorithms*. MIT Press.

Wang, Y., W. Liwei, Y. Li, D. He, W. Chen, et T.-Y. Liu (2013). A theoretical analysis of ndcg ranking measures. In *26th Annual Conference on Learning Theory*.

Zhou, Z.-H. (2012). *Ensemble methods : foundations and algorithms*. CRC Press.

Summary

In Machine Learning, ensemble or collaborative methods are based on the assumption that the performance of each expert or weak learner is measurable (in supervised learning) or can be estimated beforehand (unsupervised learning). This is deemed necessary in order to weight the expert's advices according to some confidence level.

In this paper, we present an unsupervised learning method applicable in the case of two unknown classes, which makes use of an ensemble of "experts" of which the performance on the task at hand is unknown. We show how to select, in the absence of any prior information, experts that are positively correlated with the unknown target decision function and how to combine their results in order to get a final decision function that is generally at least as good as the best unknown expert in the ensemble. Our empirical results on controlled experiments confirm that the method performs well.

Two step soft subspace SOM : une méthode de classification multi-bloc avec sélection de variables

F. Kaly*,**,*** Ndèye Niang****
Mory Ouattara**** Awa Niang* Sylvie Thiria*** Beatrice Marticorena** Serge Janicot***

*LTI, UCAD, Dakar, Sénégal

** LISA, UMR CNRS 7583 ; IPSL ; UPEC ; UPD, Créteil, France

***LOCEAN, UMR 7159 CNRS-IRD-UPMC-MNHN; IPSL, Paris, France

****Statistique Appliquée, CNAM 292, rue Saint Martin, 75141 Paris Cedex 03, France

Résumé. Nous proposons une stratégie de classification de données multi-blocs basée sur l'utilisation de la méthode de soft subspace clustering 2S-SOM dans un processus hiérarchique à deux niveaux combiné à des tests statistiques. Une première application de la méthode 2S-SOM fournit un système de poids évaluant les contributions relatives des variables et des blocs aux groupes d'observations. Nous proposons une procédure de test statistique permettant de sélectionner les variables significativement pertinentes. 2S-SOM est à nouveau utilisée sur ces dernières pour déterminer la partition finale des observations. La méthode est évaluée sur des données simulées et réelles. En particulier, l'application sur des données météorologiques montre que la sélection des variables au niveau 1 facilite l'interprétation des classes obtenues.

1   Introduction

Les méthodes de classification non-supervisées (ou clustering) permettent d'explorer des données non-labélisées dans le but de trouver des groupes d'observations homogènes et bien séparés. Les récentes avancées technologiques en termes de capacité de stockage d'informations d'une part, et la multiplication des sources d'informations d'autre part, contribuent à la mise en place de bases de données complexes et de grande dimension. De plus ces données peuvent présenter une structure en plusieurs blocs de variables caractérisant chacune une vue particulière sur les données recueillies selon une thématique spécifique, on parle de données multi-vues ou multi-blocs. Or, la majorité des mesures de distance perdent leur pouvoir discriminant au fur et à mesure que la dimension augmente ; les observations étant pratiquement toutes équidistantes les unes par rapport aux autres, Parsons et al. (2004). En outre, en l'absence d'une structure globale de corrélation entre les variables (ce qui est souvent le cas en grande dimension à cause de la présence possible de variables souvent distribuées uniformément), la similarité entre deux observations est souvent portée par un nombre limité de variables. Les classes sont donc à rechercher dans des sous-espaces de l'espace initial, on parle alors de méthode de subspace clustering. Le principe des méthodes de subspace clustering reposent sur la recherche de sous espaces de l'espace initial permettant une meilleure détection et interprétation des groupes d'individus Agrawal et al.; Kriegel et al. (2009). Des approches récentes basées sur l'introduction dans la méthode des K-moyennes d'une pondération des variables ou des blocs permettent de prendre en compte en plus de la grande dimension, la structure multi-blocs (Jing et al., 2007; Chen et Ye, 2012). Ce sont des méthodes de soft subspace clustering. Plus récemment, ces approches ont été étendues, à travers une nouvelle méthode 2S-SOM Ouattara et al. (2014), aux cartes auto-organisées ou self organizing maps (SOM) Kohonen (1998) permettant ainsi d'exploiter les propriétés de visualisation de SOM.

Nous proposons une approche hiérarchique de sélection de variables en classification fondée sur une double utilisation de 2S-SOM. Dans une première application, 2S-SOM fournit un système de poids à partir duquel on recherche des variables ou des blocs pertinents à l'aide d'un test d'hypothèse statistique. Ensuite, une deuxième utilisation de 2S-SOM sur les variables sélectionnées fournit la partition recherchée. La méthode proposée est présentée en section 2 après les notations et la description de 2S-SOM. La section 3 présente son illustration sur des données réelles. La section 4 est consacrée à la conclusion.

2 Soft-Subspace clustering basé sur SOM : 2S-SOM

Nous disposons de N observations z_i décrites par p variables divisées en B blocs. On recherche une partition des observations en K classes.

Les notations suivantes seront utilisées :

— $\mathcal{V} = \{z^j, j = 1, \ldots, p\}$ l'ensemble des variables divisé en B blocs de p_b variables tels que $p_1 + \ldots + p_b + \ldots + p_B = p$.

— α est une matrice $K \times B$ où K désigne le nombre de classes c dans Z, α_{cb} est le poids du bloc b dans la classe c de Z.

— $\beta = [\beta_1, \ldots, \beta_B]$ est une matrice $K \times p$ où β_b est une matrice de dimension $K \times p_b$ définissant les poids $\beta_{cbj}(j = 1, \ldots, p_b)$ sur les variables du bloc b pour chaque c de Z.

2.1 2S-SOM

Les cartes topologiques auto-organisées sont utilisées pour quantifier et visualiser des données numériques de grande dimension dans un espace de faible dimension, généralement 1 ou 2 dimensions, appelé carte topologique. De manière générale, la méthode suppose l'existence d'une carte discrète $\mathcal{C}$ ayant K cellules c structurées par des graphes non-orientés permettant de définir a priori une distance entre les cellules. Dans la suite, nous utiliserons indifféremment les termes cellule ou classe. Chaque cellule de la carte est représentée par un vecteur référent ou prototype w_c synthétisant l'information de la cellule. L'algorithme SOM initial des cartes topologiques consiste à minimiser de manière itérative en deux phases la fonction de coût (Kohonen, 1998) :

$$\mathcal{J}_{SOM}^T(\mathcal{Z}, \mathcal{W}) = \sum_{i=1}^N \sum_{c \in C} \mathcal{K}^T(\sigma(\mathcal{X}(z_i), c)) \sum_{j=1}^p (z_{ij} - \omega_{cj})^2 \tag{1}$$

Dans cette expression, $\mathcal{X}(z_i) = \underset{c \in C}{argmin}(\sum_{r \in C} \mathcal{K}^T(\sigma(r,c))||z_i - w_c||^2)$ représente une fonction d'affectation des observations z_i à la cellule c dont le vecteur référent est le plus proche, $\mathcal{W}$ est l'ensemble des vecteurs référents ω_c des cellules c. $\mathcal{K}^T$ et le paramètre T associé définissent respectivement une fonction décroissante de contrainte de voisinage définie entre deux cellules c et r de la carte et la taille du voisinage d'une cellule.

Dans le cas des données en bloc, l'approche de type subspace clustering 2S-SOM repose sur une modification de la fonction de coût de SOM en introduisant un double système de poids $\alpha_{cb}(b = 1, \ldots, B)$ et $\beta_{cbj}(j = 1, \ldots, p_k)$ définis respectivement sur les blocs et sur les variables pour chaque cellule $c \in C$. La classification et les poids relatifs à la pertinence des blocs et des variables sont donc obtenus par minimisation de la fonction objectif J_{2SSOM}^T définie par la relation suivante :

$$\mathcal{J}_{2S-SOM}^T(\mathcal{X}, \mathcal{W}, \alpha, \beta) = \sum_{c \in \mathcal{C}} \left(\sum_{b=1}^B \left(\sum_{i=1}^N \alpha_{cb} \mathcal{K}^T(\sigma(\mathcal{X}(z_i), c)) d_{\beta_{cb}} + J_{cb} \right) + I_c \right) \tag{2}$$

avec $d_{\beta_{cb}} = \sum_{j=1}^{p_b} \beta_{cbj}(z_{ibj} - \omega_{ckj})^2$ et sous les contraintes :

$$\begin{cases} \sum_{j=1}^{p_b} \beta_{cbj} = 1, \ \beta_{cbj} \in [0,1], \forall c \in \mathcal{C}, \forall b \\ \sum_{b=1}^B \alpha_{cb} = 1, \ \alpha_{cb} \in [0,1], \ \forall c \in \mathcal{C} \end{cases} \tag{3}$$

$I_c = \lambda \sum_{b=1}^B \alpha_{cb} log(\alpha_{cb})$ et $J_{cb} = \eta \sum_{j=1}^{p_b} \beta_{cbj} log(\beta_{cbj})$ représentent des termes entropies négatives pondérées et associées aux vecteurs poids relatifs aux blocs et aux variables pour une cellule c. La minimisation de la fonction de coût J_{2S-SOM}^T s'effectue de façon alternée en quatre étapes dont les deux premières phases d'affectation des observations aux classes et d'actualisation des vecteurs référents sont identiques à celles de la méthode SOM. Les valeurs des poids sont supposées connues et fixées à leur valeur courante, on a alors :

— étape 1 : Les référents $\mathcal{W}$ sont connus et fixés, les observations sont affectées aux cellules en respectant l'équation (4) :

$$\mathcal{X}(z_i) = \underset{c \in \mathcal{C}}{argmin} \left(\sum_{r \in \mathcal{C}} \left(\sum_{b=1}^B \alpha_{cb} \mathcal{K}^T(\sigma(r,c)) d_{\beta_{cb}} \right) \right) \tag{4}$$

— étape 2 : Actualisation des centres de classe à l'aide de : (5)

$$\omega_c^T = \frac{\sum_{i=1}^{N} \mathcal{K}^T(\sigma(\mathcal{X}(z_i), c)) z_i}{\sum_{i=1}^{N} \mathcal{K}^T(\sigma(\mathcal{X}(z_i), c))} \tag{5}$$

A l'aide du lagrangien de la fonction J_{2S-SOM}^T relativement aux quantités α et β on détermine les poids α et β associés respectivement aux blocs et aux variables. Ainsi, on obtient :

— Etape 3 : les paramètres $\mathcal{X}$, ω et β connus et fixés à leurs valeurs courantes alors on a :

$$\alpha_{cb} = \frac{exp(\frac{-\Psi_{cb}}{\lambda})}{\sum_{b=1}^{B} exp(\frac{-\Psi_{cb}}{\lambda})} \tag{6}$$

avec

$$\Psi_{cb} = \sum_{z_i \in r, r \neq c} \mathcal{K}^T(r, c) d_{\beta_{cb}} + \mathcal{K}^T(c, c) \sum_{z_i \in c} d_{\beta_{cb}} \tag{7}$$

— Etape 4 : de manière identique, si les paramètres $\mathcal{X}$, ω et α sont connus et fixés à leurs valeurs courantes alors , on a :

$$\beta_{cbj} = \frac{\exp(\frac{-\Phi_{cbj}}{\eta})}{\sum_{j=1}^{p_b} \exp(\frac{-\Phi_{cbj}}{\eta})} \tag{8}$$

avec

$$\Phi_{cbj} = \sum_{z_i \in r, r \neq c} \alpha_{cb} \mathcal{K}^T(r, c)(z_{ibj} - \omega_{cbj})^2 + \mathcal{K}^T(c, c) \sum_{z_i \in c} \alpha_{cb}(z_{ibj} - \omega_{cbj})^2 \tag{9}$$

Le poids d'une variable ou d'un bloc sera donc d'autant plus important qu'il minimise simultanément la somme des écarts entre les référents w_c et les observations appartenant à la cellule c et aux cellules r du voisinage T de la cellule c. Les coefficients de pondération α_{cb} et β_{cbj} définis par 2S-SOM indiquent respectivement l'importance relative des blocs et des variables dans les classes. Ainsi, plus le poids d'un bloc b ou d'une variable j est important, plus le bloc ou la variable contribue à la définition de la classe au sens où elle permet de réduire la variabilité des observations dans la cellule et dans son voisinage proche. Finalement, à la convergence, 2S-SOM fournit d'une part une carte topologique permettant de visualiser les données et d'autre part des systèmes de poids pour les classes de la classification.

2.2 Sélection des variables pertinentes

Au niveau des cellules, la pertinence d'une variable ou d'un bloc est fournie directement par son poids défini par 2S-SOM.

Les poids α_{cb} et β_{cbj} sont définis pour un bloc b et pour une cellule c sous les contraintes

$\sum_j^{p_b} \beta_{cbj} = 1$ et $\sum_b^B \alpha_{cb} = 1$. La contribution moyenne d'une variable à une cellule de la carte est donc $\frac{1}{p_b}$ que l'on peut utiliser comme un seuil de sélection des variables pertinentes. Une variable telle que $\beta_{cbj} < \frac{1}{p_b} \ \forall \ c \in \mathcal{C}$ sera non- pertinente donc éliminée.

Dans certains cas, la taille de la carte peut conduire à un grand nombre de cellules. Il est alors possible d'appliquer un algorithme de classification ascendante hiérarchique (CAH) sous contrainte de voisinage sur la matrice composée des vecteurs référents pour réduire ce grand nombre de cellules en un nombre restreint K' de classes contenant $n_{k'}$ cellules par classe k' (Gordon, 1996).

Ce regroupement des cellules engendre la nécessité de définir le poids et la pertinence d'une variable dans les classes. Nous proposons de prendre la moyenne des poids des cellules constituant la classe, soit $\gamma_{k'bj} = \frac{1}{n_{k'}} \sum_{l=1}^{n_{k'}} \beta_{c_l^{k'}bj}$ pour la variable j du bloc b et la classe k' composée des cellules $c_l^{k'}$.

De même, on définit $\delta_{k'b} = \frac{1}{n_{k'}} \sum_{l=1}^{n_{k'}} \alpha_{c_l^{k'}b}$ la moyenne des poids du bloc b sur les cellules de la classe k'.

Pour évaluer la pertinence d'une variable dans une classe de la CAH, nous proposons d'utiliser un test statistique basé sur le principe de la valeur-test proposée par Lebart et al. (1997). On désigne par $\gamma_{bj} = \frac{1}{N_{cell}} \sum_{c \in \mathcal{C}} \beta_{cbj}$, s_{bj}^2, $s_{k'bj}^2 = \frac{N_{cell}-n_{k'}}{N_{cell}-1} \frac{s_{bj}^2}{n_{k'}}$ respectivement la moyenne, la variance des poids de la variable j du bloc b pour l'ensemble des cellules et la variance des poids de la variable j du bloc b dans la classe k' de la CAH. La valeur-test, pour les poids d'une variable j dans une classe k', se définit alors par :

$$t_{k'bj} = \frac{\gamma_{k'bj} - \gamma_{bj}}{s_{k'bj}}$$

La valeur test $t_{k'bj}$ peut se lire comme la statistique d'un test de comparaison de moyennes où, sous l'hypothèse nulle de tirage au hasard de $n_{k'}$ cellules parmi N_{cell}, elle suivrait de manière asymptotique la loi normale centrée réduite. Pour les niveaux de risque usuels (5%), on considérera donc que la différence entre le poids moyen dans la classe et le poids moyen sur la carte est significative lorsque la valeur absolue de la valeur test est supérieure à 2.

Ainsi, au niveau de la valeur test, la pertinence d'une variable ou d'un bloc dans une classe de la CAH est relative à la distribution des poids de 2S-SOM pour l'ensemble des cellules de la carte.

Pour une classe la contribution moyenne des variables est :

$$\frac{1}{p_b} \sum_{j=1}^{p_b} \gamma_{k'bj} = \frac{1}{p_b} \sum_{j=1}^{p_b} \frac{1}{n_{k'}} \sum_{l=1}^{n_{k'}} \beta_{c_l^{k'}bj} = \frac{1}{p_b}$$

Par ailleurs, compte tenu des propriétés de 2S-SOM (Ouattara et al., 2014), les variables de bruit qui ont en général des poids $\gamma_{bj} < \frac{1}{p_b}$ peuvent également être sélectionnées par la valeur test. Ainsi, parmi les variables sélectionnées par la valeur test, seront éliminées celles dont le poids moyen $\gamma_{bj} < \frac{1}{p_b}$.

Il est alors possible de sélectionner l'ensemble des variables pertinentes pour les blocs à travers une première application de la méthode 2S-SOM.

L'approche hiérarchique que nous proposons ici, consiste ensuite, à appliquer de nouveau

Sélection de variables en classification

2S-SOM sur les variables sélectionnées pour obtenir la partition recherchée. La réduction du nombre de variables permet de simplifier d'une part l'interprétation des classes obtenues, d'autre part elle fournit des partitions de meilleure qualité en terme d'indices de pureté et de NMI comme cela est illustré ci-dessous sur des données labellisées. Les notions de pureté et de NMI sont detaillées dans l'annexe. sNous évaluons les performances de notre approche de sélection des variables sur un jeu de données réelles issus de l'UCI et sur un jeu de données simulées :

— Le jeu de données "Image Segmentation" (IS) contient 2310 observations et 19 variables décrivant les pixels de 7 images. Chaque observation représente un point d'une image décrite par deux blocs de 9 et 10 variables caractérisant le contraste de couleur de ce point sur l'image. Chaque observation possède une étiquette comprise entre 1 et 7.

— Les données simulées D contiennent 400 observations divisées en 4 classes de 100 observations décrites par 4 blocs de variables. Elle contiennent 4 blocs de 5 variables. Les blocs contiennent respectivement 2, 2, 4 et 4 variables de bruit.

Le tableau 1 présente la valeur moyenne des performances de 2S-SOM au niveau 1 (avant sélection), au niveau 2 (après sélection) grâce au test d'hypothèse et par rapport à la sélection brute dans laquelle une variable est jugée importante si son poids est supérieur à $1/p_b$.

Data	Index		SOM	2S-SOM	2S-SOM$_{VT}$	EWKM	FGKM
D	NMI	mu	0.11	0.82	0.81	0.43	0.32
		std	0.04	0.08	0.06	0.01	0.34
	Pureté	mu	0.35	0.89	0.90	0.32	0.56
		std	0.06	0.10	0.11	0.01	0.22
IS	NMI	mu	0.60	0.60	0.64	0.53	0.40
		std	0.02	0.08	0.06	0.07	0.14
	Pureté	mu	0.61	0.61	0.64	0.61	0.63
		std	0.03	0.06	0.05	0.05	0.05

TAB. 1 – *Comparaisons des performances des méthodes 2S-SOM avant (2S-SOM) et après la sélection des variables (2S-SOM$_{VT}$) avec les performances des méthodes basées sur la méthode des K-moyennes (EWKM, FGKM)*

	C$_1$	C$_2$	C$_3$	C$_4$
Bloc	(2,3)	3	4	1
Var	(2-3, 3)	0	1	3

TAB. 2 – *Variables pertinentes*

Le tableau 2 montre qu'on sélectionne effectivement les variables non-informatives pour la classification puisque la suppression des variables non-pertinentes ne dégrade pas les performances de classification sur les bases D et IS. Par ailleurs, les performances de la méthodes 2S-SOM$_{VT}$ restent meilleures que celles des méthodes EWKM, FGKM.

3   Application

3.1   Données

Les données utilisées, sont les champs météorologiques ré-analysées ERAInterim du centre européen de prévision météorologique (ECMWF). Les observations sont fournies toutes les 3 heures selon des grilles superposées en altitude correspondant aux 9 niveaux de pressions (1000 hpa, 925 hpa, 850 hpa, 700 hpa, 500 hpa, 400 hpa, 300 hpa, 250 hpa, 200hpa) et dont chaque maille carrée de $0.5°$ de coté décrit l'état de l'atmosphère. Ces données sont initialement constituées de 7 paramètres météorologiques que sont la température (T), l'humidité spécifique (Q), le géopotentiel (Z), le vent zonal (U) et le vent méridien (V), la vitesse verticale du vent (W) et la hauteur de la couche limite (BLH) qui servent à la classification des données. Chacun des 6 premiers blocs initiaux est constitué de 153 variables et 2549 observations correspondant à l'état de l'atmosphère en une heure donnée. Le bloc BLH est constitué de 17 variables. L'étude porte sur les données de la saison sèche (d'Octobre à Mai) des années allant de 2006 à 2010 de la station de Mbour (Sénégal). Ainsi, on a formé une base de données de 2549 observations sur 935 variables. Dans ce travail, les blocs sont structurés selon deux thématiques : l'une spécifique à la thermodynamique de l'atmosphère, il s'agit des paramètres T, U, V et Z composant un bloc de 612 variables et le deuxième bloc correspond aux mouvements de l'atmosphère (Q, W, BLH) et est composé de 323 variables. Une carte topologique a été réalisée avec 2S-SOM introduisant pour chaque bloc et pour chaque variable un système de poids adaptatifs. A partir de ces poids on identifie les variables et les blocs les plus pertinents dans la classification.

3.2   Résultats

L'algorithme a été appliqué sur la base de données décrite ci-dessus afin de procéder d'abord à une sélection de variables et ensuite sur les variables sélectionnées pour évaluer la pertinence des résultats. Au niveau 1 de l'algorithme, plusieurs applications de 2S-SOM ont été réalisées en faisant varier les paramètres d'initialisation. La meilleure carte en termes de quantification vectorielle est retenue et on a obtenu une carte de 21×12 soit 252 neurones. La projection des variables du paramètre BLH de la base de données sur la carte obtenue montre une bonne organisation de la topologie des observations sur la carte (Cf. Fig 1).

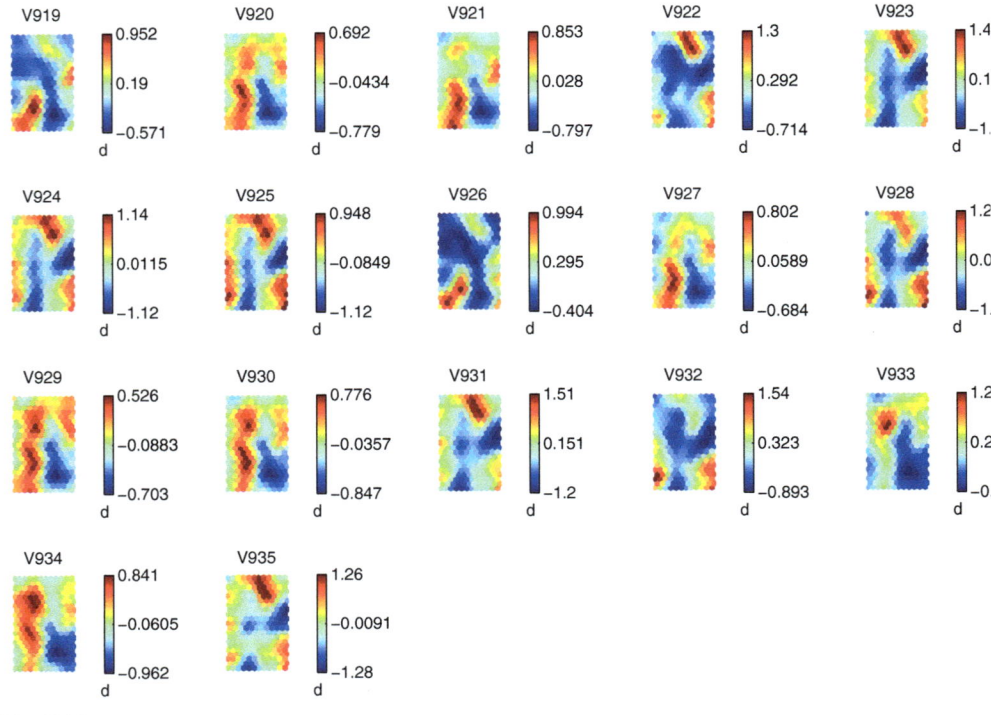

Feb–2014

FIG. 1 – *Représentation de la topologie des variables du paramètre BLH sur la carte topologique (la barre des couleurs représente l'échelle des données, des plus faibles (bleu) aux plus fortes (rouge))*

Les autres variables n'ont pas été représentées à cause du nombre important de variables d'apprentissage, mais un travail préalable a été effectué pour s'assurer de leur bonne organisation avant de procéder à l'exploitation de cette carte topologique.

La figure 2 suivante présente le nombre de données captées par chaque neurone de la carte. Nous remarquons qu'il existe une distribution relativement homogène des données sur la carte.

Labels

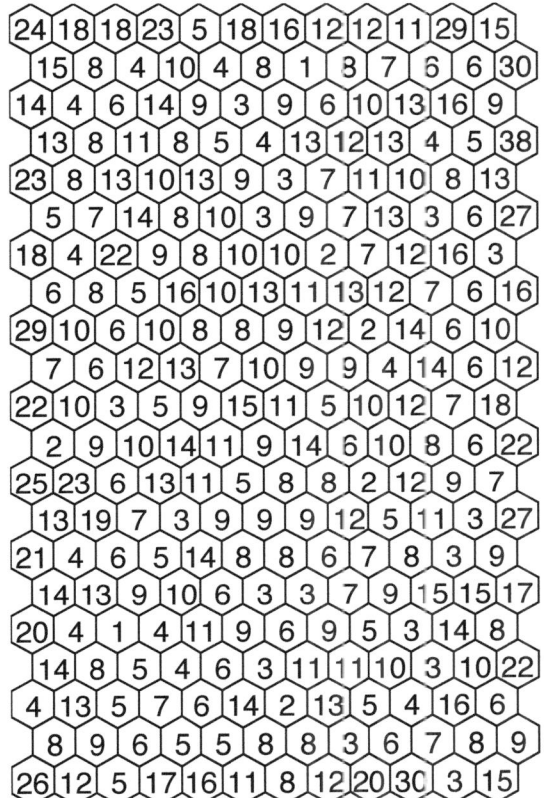

FIG. 2 – *Cardinalité des neurones de la carte topologique*

La figure 3(a) donne une représentation graphique des poids α_{cb} définis par 2S-SOM sur les blocs par rapport aux cellules de la carte sur les deux niveaux. Il ressort de l'analyse de cette dernière, que pour le niveau 1 comme au niveau 2, globalement le bloc 1 est plus important que le bloc 2 sur les cellules. Ce qui montre que la suppression des variables de bruit ne change pas fondamentalement l'importance relative des blocs.

Étant donné le grand nombre de neurones de la carte, nous avons regroupé les neurones, en appliquant une classification ascendante hiérarchique (CAH) avec le critère de Ward comme critère d'agrégation des neurones de la carte auto-organisatrice. La figure 3(b) suivante présente les indices de Davies et Bouldin (1979) pour plusieurs classifications en faisant varier le nombre de classes. Nous utilisons ce dernier pour choisir le bon nombre de classes, en l'occurrence 4 classes fig 3(b). les poids β de ces 4 classes servent ensuite à sélectionner les variables pertinentes pour déterminer la carte finale. Les figures 2 et 3(b) présentent la cardinalité des observations par cellule et la représentation des classes de la CAH. Le nombre de données de chaque classe présenté sur le tableau 3 montre une répartition homogène des données dans les classes.

Sélection de variables en classification

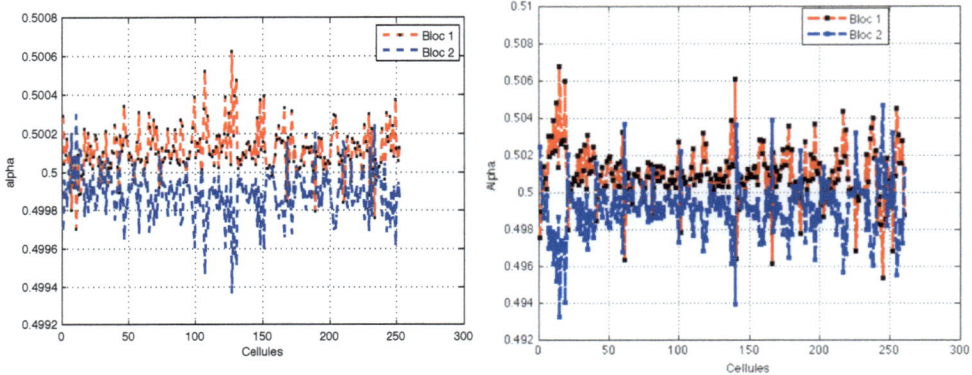

(a) Les poids des blocs au niveau 1 (à droite) et au niveau 2 (à gauche) pour les cellules de la carte

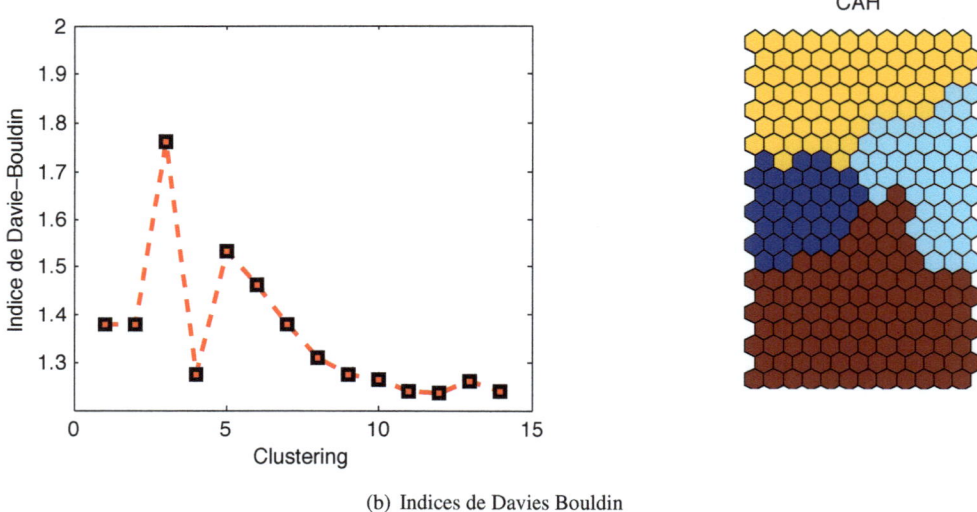

(b) Indices de Davies Bouldin

FIG. 3 – *Caractéristiques des cellules et la répartition en classes*

	classe1	classe2	classe3	classe4
N	650	525	556	818
P	25.5%	20.6%	21,80%	32.09%

TAB. 3 – *nombre de données dans chaque classe et le pourcentage associé)*

La sélection des variables a été réalisée en deux étapes. Nous avons utilisé d'abord le principe des valeurs tests présenté dans la section 2.2 pour évaluer les variables pertinentes dans les 4 classes obtenues par la CAH afin de procéder à un premier filtre tenant compte de la variabilité intra classe des poids β de chaque variable. Ensuite sur les variables retenues par la valeur test, on a sélectionné les variables les plus pertinentes en se fixant un seuil à $1/p_b$ avec p_b étant le nombre de variables du bloc b. On dira qu'une variable est importante si son poids moyen dans une classe est significativement supérieur à $1/p_b$. La figure 4, montre le poids des variables de chaque bloc dans chaque classe au niveau 1. La sélection des données effectuée montre que 59% (548 variables dont 408 pour le bloc 1 et 150 pour le bloc 2) des variables ne sont pertinentes pour aucune classe. Les 41% (377 variables dont 204 pour le bloc 1 et 173 pour le bloc 2) des variables restantes ont servi à déterminer la partition finale au niveau 2.

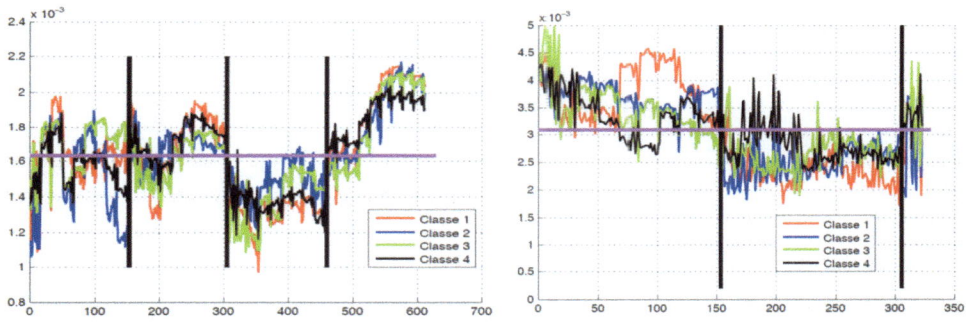

FIG. 4 – *Les poids des variables des blocs au niveau 1 (à gauche) et au niveau 2 (à droite) pour les cellules de la carte*

3.3 Description des classes

La figure 5 caractérise les 5 classes par rapport aux vents qui décrivent la direction et l'intensité du vent. On observe que les classes 1, 2, 5 sont caractérisées par des vents venant du Nord Est alors que les classes 3 et 4 sont caractérisées par les vents venant de l'Ouest.

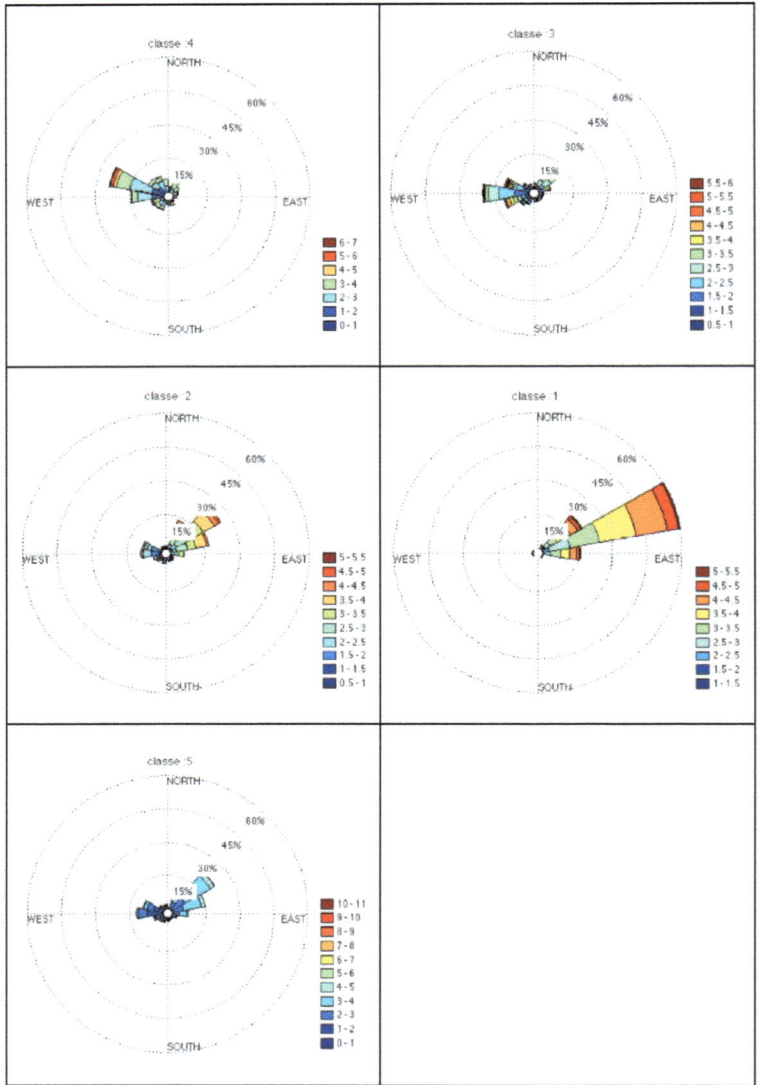

FIG. 5 – *rose des vents de chaque classe*

La figure 6, montre que les classes 1, 2 et 5 sont essentiellement constituées des données de la saison sèche (de Novembre à Mars), la classe 3 est majoritairement constituée des données du mois de Mai, mois d'intersection entre la saison sèche et la saison de pluie et la classe 4 est majoritairement constituée des données du mois d'Avril. Nous remarquons également que les classes correspondant aux mois de la saison sèche sont caractérisées par des vents venant du nord Est c'est à dire les vent d'harmattan (Figure 6). Les classes 3 et 4 correspondant majoritairement aux mois de début de la saison des pluies se caractérisent par des vents venant majoritairement de l'ouest. Ce qui indique que l'utilisation de 2S-SOM au niveau 2 a permis d'avoir des classes avec une saisonnalité et une direction de vent particulière chacune (Figure 6, 5) et qui permet de dire qu'à la sortie, la sélection de variables permet d'avoir des résultats cohérents interprétable au point de vue géophysique.

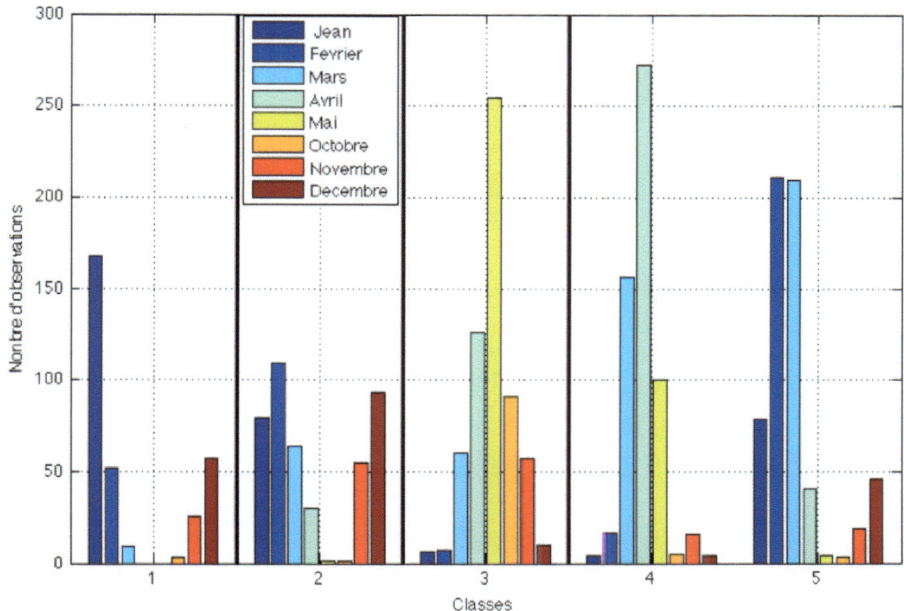

FIG. 6 – *Saisonnalité des classes obtenues au niveau 2*

4   Conclusion

Nous avons proposé une approche de sélection des variables en classification. Les meilleurs résultats de classification obtenus sur les variables pertinentes sélectionnées au niveau 1 vis-à-vis des données étiquetées montre l'intérêt de ce processus de filtrage des données. De plus, l'application de la méthode sur les données météorologiques montre que nous avons proposé une méthode efficace de sélection de variables permettant de fournir en sortie non seulement des variables pertinentes mais aussi un résultat visuel et compréhensible des clusters identifiés.

Références

Agrawal, R., J. Gehrke, D. Gunopulos, et P. Raghavan. Automatic subspace clustering of high dimensional data for data mining applications. pp. pp. 94–105.

Chen, X. et Y. Ye (2012). A feature group weighting method for subspace clustering of high-dimensional data. *Pattern Recogn.*

Davies, D. L. et D. W. Bouldin (1979). A cluster separation measure. *Pattern Analysis and Machine Intelligence, IEEE Transactions on* (2), 224–227.

Gordon, A. D. (1996). A survey of constrained classification. *Computational Statistics & Data Analysis 21*(1), 17 – 29.

Jing, L., M. Ng, et J. Huang (2007). An entropy weighting k-means algorithm for subspace clustering of high-dimensional sparse data. knowledge and data engineering. *IEEE Transactions on 19 (8) 1026 –1041.*

Kohonen, T. (1998). The self-organizing map. *Neurocomputing 21(1-3).*

Kriegel, H.-P., P. Kröger, et A. Zimek (2009). Clustering high-dimensional data : A survey on subspace clustering, pattern-based clustering, and correlation clustering. *ACM Trans. Knowl. Discov. Data 3*, 1 :58.

Lebart, L., A. Morineau, et M. Piron (1997). Statistique exploratoire multidimensionnelle.

Ouattara, M., N. Niang, F. Badran, et C. Mandin (2014). une méthode de soft-subspace clustering pour données multi-blocs basée sur les cartes topologiques auto-organisées. *Revue des Nouvelles Technologies de l'information (RNTI).*.

Parsons, L., E. Haque, et H. Liu (2004). Subspace clustering for high dimensional data : a review. *SIGKDD Explor. Newsl. 6*(1), 90–105.

Annexe

Les indices de comparaison de deux partitions C et C'.

Nous désignons par :
— N_{11}, le nombre de fois où deux observations sont dans une même classe dans C et dans une classe C' (accords positifs)
— N_{10}, le nombre de fois où deux observations sont dans la même classe de Cet dans des classes différentes dans C'.
— N_{01}, le nombre de fois où deux observations sont dans la même classe de C et des classes différentes C'
— N_{00}, le nombre de fois où deux observations sont dans des classes différentes de C et de C' (accords négatifs)

L'indice de précision indique la probabilité que deux objets soient regroupés dans la partition C s'ils le sont dans la partition C' :

$$Prcision(C, C') = \frac{N_{11}}{N_{11}+N_{01}}$$

Le coefficient de rappel évalue la probabilité que deux objets soient regroupés dans la partition C s'ils le sont dans la partition C' :

$$Rappel(C, C') = \frac{N_{11}}{N_{11}+N_{10}}$$

La pureté d'une partition s'évalue en quantifiant la cohérence d'une partition par rapport une autre. La manière la plus simple d'évaluer la pureté est de rechercher le label majoritaire de chaque classe et de sommer le nombre d'observations ayant le label majoritaire par classe. La pureté se définit alors simplement par l'expression suivante :

$$Purete(C, C') = 1/N \sum_{k=1}^{K} argmax_{cl}(n_{kl})$$

n_{kl} est le nombre d'observation dans la classe k de C et dans la classe l de C'.
L'indice de Rand indique la proportion de paires d'observations pour lesquelles deux partitions sont en accord.

$$Rand(C, C') = \frac{N_{11} + N_{00}}{N_{11} + N_{11} + N_{01} + N_{00}}$$

Summary

We propose a method of feature selection in classification based on self-organized maps SOM. It uses the method of subspace clustering 2S-SOM in two hierarchical steps. The first level provides a system of weight, evaluating the variables and blocks relative contributions to the groups of observations. These weights allow the selection of relevant variables. 2S-SOM is again used on the selected variables to determine the final partition of the observations in the second step. The method is evaluated on simulated and real data. In particular, the application on meteorological data shows that the selection cf variables at the level 1 facilitates the geophysical interpretation of the classes obtained at the level 2.

Détection de communautés dans les grands graphes d'interactions (multiplexes) : état de l'art

Rushed Kanawati

LIPN - UMR CNRS 7030,
SPC Université Paris 13
99 Av. J-B. Clément, 93430 Villetaneuse
rushed.kanawati@lipn.univ-paris13.fr
http://www-lipn.univ-paris13.fr/~kanawati

Résumé. Nous présentons dans ce papier un bref état de l'art des techniques de détection de communautés dans les grands graphes d'interactions. Nous motivons d'abord l'intérêt de l'étude de cette problématique dans le contexte de systèmes de recommandation. Puis nous passons en revue les principales approches proposées pour traiter ce problème dans le cas des graphes simples, puis dans des graphes *mutiplexes* qui correspondent mieux au cas des systèmes réels. L'accent est mis aussi dans cette étude sur les différentes approches d'évaluation des communautés détectées par les différents algorithmes.

1 Introduction

Les traces, aujourd'hui souvent informatisées, de certaines activités humaines, peuvent être modélisées sous forme de réseaux complexes. Des exemples sont : les traces d'utilisation de moteurs de recherche sur le web (Baeza-Yates, 2007; Kanawati, 2013), les traces d'échanges de ressources sur des réseaux pair à pair (Shahabi and Kashani, 2007; Aidouni et al., 2009), les logs de communications électroniques et/ou téléphoniques (Bouveyron and Chipman, 2007; Gutierrez et al., 2013; Guigourès et al., 2013), les interactions dans les réseaux sociaux en-ligne, comme Facebook, Twitter ou encore LinkedIn (Archambault and Grudin, 2012), les jeux en réseaux et l'immersion dans des mondes virtuels (Szell and Thurner, 2012; Kappe et al., 2009; Shah and Sukthankar, 2011), l'implication dans le blogosphère et autres sites de partage social de ressources (i.e. les folksonomies) (Papadopoulos et al., 2010; Pujari and Kanawati, 2012) et les collaborations scientifiques (Newman, 2001, 2004a; Benchettara et al., 2010).

La plupart des graphes obtenus lors de la modélisation des activités cités ci-avant exhibent des propriétés topologiques non-triviales mais similaires à d'autres graphes d'interactions observés dans d'autres contextes et d'autres domaines comme la biologie (ex. réseaux d'interactions entre protéines), les réseaux technologiques (ex. Internet, le web) (Tarissan et al., 2013), et les réseaux de transport (réseaux de routes, réseaux ferrés, réseaux d'interconnexion entre aéroports) (Roth et al., 2011; Barthelemy, 2010). Nous désignons ces graphes, modélisant des systèmes réels, par le nom générique de *graphes de terrain*. La figure 1 illustre un exemple de ces graphs.

FIG. 1: Exemple d'un graphe de terrain : Réseau de collaborations scientifiques extrait de DBLP.

Par souci de simplification, nous considérons, sauf mention explicite, des graphes simples, non dirigés et non pondérés. Le tableau **??** donne les principales notations employées dans le reste du document.

Certaines des caractéristiques topologiques des graphes de terrain sont aussi partagées par les graphes aléatoires (Erdös and Rényi, 1959; Watts and Strogats, 1998). C'est notamment le cas de deux caractéristiques emblématiques : la faible densité et l'effet petit-monde. D'autres caractéristiques des graphes de terrain sont bien propres à ce type de graphes et en font un objet d'étude à part entière. Les principales caractéristiques sont :

Distribution hétérogène de degrés : Dans un graphe simple, le degré d'un nœud est donné par le nombre de ses voisins directs. Dans les graphes de terrain on observe souvent qu'il y a certains nœuds qui ont des degrés très élevés et beaucoup d'autres ont des degrés très faibles. La distribution de degrés est souvent décrite par une distribution en loi de puissance de le forme $P(k) = \beta k^{-\gamma}$. où $P(k)$ désigne la probabilité d'un nœuds d'avoir k voisins.

Un coefficient de clustering local élevé ; Cette propriété exprime le fait que la probabilité que deux nœuds, ayant au moins un voisin commun, soient liés est bien plus grande que la probabilité de lien entre deux nœuds aléatoirement choisis. Par exemple, dans les réseaux sociaux on observe généralement que les amis d'une personne ont tendances à être liés entre eux aussi. Le coefficient de clustering est donné par la formule suivant :

$$\sum \frac{3 \times \#\triangle}{\#\wedge} \tag{1}$$

Notation	Description
$G = <V, E>$	Graphe non orienté, V : ensemble de nœuds, E : ensemble de liens
$n = \| V \|$	Nombre de nœuds
$m = \| E \|$	Nombre de liens
A_G	La matrice d'adjacence du graphe G
$\Gamma(x)$	Ensemble de voisins directs d'un nœud
$d_x = \| \Gamma(x) \|$	Degré de x
$dist(x, y)$	Distance géodésique entre les nœuds x et y

TAB. 1: Notations utilisées

où $\#\triangle$ est le nombre de triangles dans le graphe et $\#\wedge$ est le nombre de triades. Noter que dans un graphe aléatoire le coefficient de clustering sera de l'ordre de la probabilité de l'existence d'un lien.

Structure communautaire : Une autre caractéristique phare des graphes de terrain est la possibilité de les diviser en modules ou en sous-graphes cohésives et denses et qui sont faiblement connectés entre eux. Une illustration d'un graphe exemple est donné à la figure 2 où on montre à gauche un exemple d'une structure communautaire sur un graphe d'exemple. A droite nous montrons les communautés détectées automatiquement dans un graphe réel modélisant des interactions observées au sein d'un groupe de dauphins dont le comportement a été étudié dans (Lusseau et al., 2003).

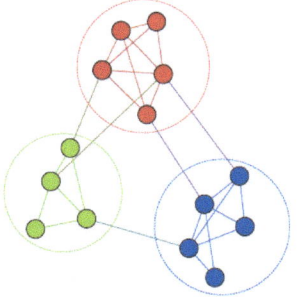

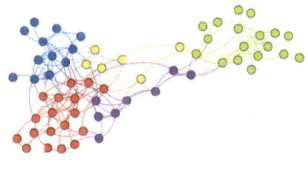

(a) Structure communautaire dans un graphe d'exemple.

(b) Structure communautaire calculée par la méthode de Louvain (Blondel et al., 2008) dans un graphe d'interactions entre dauphins (Lusseau et al., 2003).

FIG. 2: Exemple de structures communautaires

Les applications de la détection de communautés sont nombreuses. C'est une étape souvent nécessaire pour nombre d'opérations de traitement de grands graphes notamment pour la visualisation (Bastian et al., 2009), la compression (Hernández and Navarro, 2012) et la parallélisation des calculs. Un autre champ d'applications important est le calcul de recommandations. Dans le contexte de réseaux sociaux en ligne, la détection de communautés peut servir pour recommander d'établir de nouveaux liens *d'amitié*, un service fréquemment proposé dans les sites des réseaux sociaux en-ligne. Dans le contexte de réseaux bibliographiques on peut penser à la recommandation de nouvelles collaborations scientifiques (Benchettara et al., 2010; Pujari and Kanawati, 2015). Dans le cadre de réseau d'achats le concept de communauté peut être vu comme une généralisation de l'approche classique de filtrage collaboratif (Resnick et al., 1994) où on peut recommander à une personne les produits bien évalués par les membres de sa communauté. Les produits peuvent être aussi regroupés en communautés selon les motifs de leurs achats ce qui permet de recommander à un client des produits similaires à ce qu'il a aimé auparavant. Dans beaucoup d'applications réelles, les réseaux d'interactions sont des réseaux hétérogènes composés de plusieurs types de nœuds et de liens. Prenons par exemple les réseaux issus des sites de partage social ou les folksonomies (ex. Flicker, citeUlike, bibsonomy) qui font intervenir souvent trois types de nœuds : les utilisateurs, les ressources annotées et les tags utilisés pour l'annotation (Pujari and Kanawati, 2012). Les techniques de détection de communautés peuvent servir pour traiter le problème difficile de recommandation de tags (Papadopoulos et al., 2011; Schifanella et al., 2010). Des réseaux multiplexes sont aussi utilisés pour modéliser des interactions typées comme c'est le cas dans des sites de notation où les consommateurs peuvent évaluer sur une échelle de valeurs des produits proposés (hôtels, restaurants, films, etc.). Chaque niveau d'évaluation peut correspondre à une couche dans un réseau multiplex.

La suite de cet article est organisée comme suit. Dans la section 2 nous passons en revue les principales approches pour la détection de communautés dans les graphes simples. Les différentes approches d'évaluation des communautés détectées sont présentées dans la section 3. Dans la section 4 nous présentons les principales approches d'extension des approches étudiées dans la section 2 pour le cas des graphes multiplexes. Enfin nous concluons dans la section 5.

2 Détection de communautés dans des graphes simples

La ressemblance du problème d'identification de communautés avec beaucoup d'autres problèmes traités dans d'autres domaines, comme le *clustering* de données, le problème de calcul de cut dans des graphes ou encore les problèmes d'optimisation font qu'il existe une grande variété d'approches pour l'identification de communautés. Trois études de synthèse intéressantes mais non-exhaustives sont présentées dans (Fortunato, 2010; Tang and Liu, 2010; Papadopoulos et al., 2012). Ici, nous proposons de classifier les approches existantes dans quatre classes non exclusives entre elles :

— *Approches centrées groupes* où des nœuds sont regroupés en communautés en fonction de propriétés topologiques partagées.
— *Approches centrées réseau* où la structure globale du réseau est examinée pour la décomposition du graphe en communautés.
— *Approches centrées propagation* qui appliquent souvent une procédure d'émergence de la structure communautaire par échange de messages entre nœuds voisins.
— *Approches centrées graines* où la structure communautaire est construite autour d'un ensemble de nœuds choisis d'une manière informée.

2.1 Approches centrées groupes

Le principe consiste à confondre la définition d'une communauté avec un groupe de nœuds ayant certaines caractéristiques topologiques communes. L'exemple le plus trivial est d'assimiler une communauté à une clique maximale dans le graphe ou à une γ-dense quasi clique. Une clique est un sous-graphe complet. Une clique est maximale si on ne peut l'étendre en ajoutant de nouveaux nœuds. Une γ-dense quasi clique est un sous-graphe dont la densité est supérieur à un certain seuil $\gamma \in [0, 1]$. Or, le problème de calcul de cliques maximales est un problème NP- difficile, ce qui rends difficile d'envisager son utilisation dans le contexte de très grands graphes. Un autre concept util, souvent employé dans le domaine de l'analyse des réseaux sociaux, est le concept de *K-core*. Un K-core est un sous-graphe connexe maximal dans lequel le degré de chaque nœud est supérieur ou égale à k. Les graphes de terrain sont principalement des graphes très parcimonieux, de telle structures sont souvent minoritaire dans les graphes. Par contre des groupements denses de nœuds peuvent servir comme des graines pour la détection des communautés (voir section 2.4).

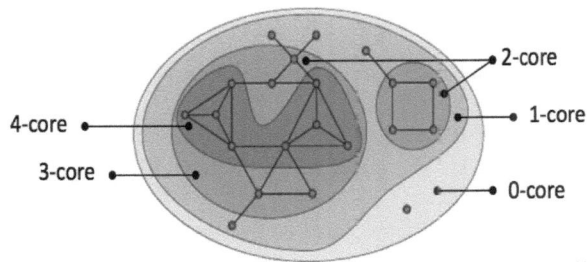

FIG. 4: Exemple de K-core dans un graphe - Exemple tiré de (Papadopoulos et al., 2012).

2.2 Approches centrées réseau

La majeur partie des approches proposées dans la littérature s'appuient sur un schéma de calcul prenant en compte la connexion globale du graphe cible. Différentes approches ont été proposées. Nous reprenons dans la suite la classification proposée dans (Tang and Liu, 2010) des approches centrées réseau où on distingue trois familles d'approches.

2.2.1 Approches de clustering

Une approche simple pour la détection de communautés consiste à transformer ce problème en problème classique de clustering de données (Aggarwal and Reddy, 2014). Etant donné n individus à regrouper en clusters, beaucoup d'algorithmes classiques calculent d'abord une matrice de similarité S de dimension $n \times n$ où un élément S_{ij} exprime la similarité entre deux individus i et j selon une mesure de similarité donnée. Dans le cas d'un graphe G de n nœuds il est aussi possible de construire une matrice de similarité entre les nœuds du graphe en utilisant une mesure de similarité topologique entre les nœuds du graphe. Différentes mesures

Mesure	Formule	Référence
Voisins communs	$\| \Gamma(x) \cap \Gamma(y) \|$	(Lü and Zhou, 2011)
Cosine	$\frac{\|\Gamma(x) \cap \Gamma(y)\|}{\sqrt{\|\Gamma(x)\| \times \|\Gamma(y)\|}}$	(Salton and McGill, 1983)
Jaccard	$\frac{\|\Gamma(x) \cap \Gamma(y)\|}{\|\Gamma(x) \cup \Gamma(y)\|}$	(Jaccard, 1901)
Adamic-Adar	$\sum_{z \in \Gamma(x) \cap \Gamma(y)} \frac{1}{log(\|\Gamma(z)\|)}$	(Adamic and Adar, 2003)
Allocation de ressource	$\sum_{z \in \Gamma(x) \cap \Gamma(y)} \frac{1}{\|\Gamma(z)\|}$	(Zhou et al., 2009)
Attachement Préférentiel	$d_x \times d_y$	(Barabási and Albert, 1999)
Sørensen Index	$\frac{2 \times \|\Gamma(x) \cap \Gamma(y)\|}{\|\Gamma(x)\| + \|\Gamma(y)\|}$	(Sørensen, 1948)
HPI [1]	$\frac{\|\Gamma(x) \cap \Gamma(y)\|}{min(\|\Gamma(x)\|, \|\Gamma(y)\|)}$	(Ravasz et al., 2002)
HDI [2]	$\frac{\|\Gamma(x) \cap \Gamma(y)\|}{max(\|\Gamma(x)\|, \|\Gamma(y)\|)}$	(Ravasz et al., 2002)

TAB. 2: Mesures de similarité dyadiques centrées voisinage.

de similarité topologiques dyadiques peuvent être définies. Nous les classifions en trois grandes catégories :
— les mesures basées sur le voisinage des nœuds, dites aussi *mesures locales* ;
— les mesures basées sur les chemins entre les nœuds, dites aussi *mesures globales* ;
— les mesures semi-locales.
Le tableau **??** résume les principales mesures locales les plus utilisées.

Mesures basées sur les chemins Concernant les mesures basées sur les chemins les principales sont :

La proximité : $sim^{proxi}(x, y) = \frac{1}{dist(x,y)}$: Plus la distance géodésique entre deux nœuds est petite plus la proximité des deux nœuds est grande. Or, rappelons qu'une caractéristique phare des graphes de terrain est le faible degré de séparation. Autrement dit, la distance moyenne entre chaque couple de nœuds est faible. Ce qui rend une telle mesure peu discriminante dans beaucoup de situations.

La mesure de Katz : soit $\sigma^l(x, y)$ l'ensemble de chemins de longueur l reliant deux nœuds x et y. La mesure de Katz proposée initialement dans (Katz., 1953) est définie par :

$$sim^{katz}(x, y) = \sum_{l=1}^{\infty} \beta^l \times \| \sigma^l(x, y) \| \quad (2)$$

où $\beta << 1$ est un facteur qui va favoriser la prise en compte des chemins de longueurs courtes. Dans (Fouss et al., 2007) on montre que si β est inférieur à la plus grande valeur propre de A_G alors le calcul de cette mesure pour chaque couple de nœuds converge pour les valeurs calculées par la formule matricielle suivante :

$$sim^{Katz} = (I - \beta \times A_G)^{-1} - I \quad (3)$$

où I est la matrice identité. Le calcul de cette mesure est très couteuse pour les grands graphes. En pratique nous nous contentons d'une formule simplifiée comme nous le montrons lors de la discussion des mesures semi-locales.

Indice de Leicht-Holme-Newman (LHN) Cette mesure initialement proposée dans Leicht et al. (2006) est une variante de la mesure de Katz où on introduit l'idée que des nœuds sont similaires s'ils sont connectés à des nœuds similaires. La formulation matricielle récursive de cette mesure est donnée par :

$$sim^{LHN} = \phi A sim^{LHN} + \psi I \tag{4}$$

où ϕ, et $\pm psi$ deux facteurs de pondération des poids des similarités entre voisins par rapport à la similarité directe entre les deux nœuds cibles. Dans Lü and Zhou (2011), on montre que le calcul de cette indice peut se résumer au calcul suivant :

$$sim^{LHN} = 2m\lambda_1 D^{-1}(I - \frac{\phi A}{\lambda_1})^{-1} D^{-1} \tag{5}$$

où D est la matrice des degrés du graphe cible ($D_{xy} = \delta_{xy} d_x$). δ_{xy} est la fonction de Kronecker : $\delta_{xx} = 1$ et $\delta_{xy} = 0$ si $x \neq y$.

L'intermédiarité de chemin (PBC)[3] Cette mesure, proposée dans (Pujari, 2013), est une généralisation de la mesure d'intermédiarité de groupe (Kolaczyk et al., 2009). Soit $\sigma^{dist(x,y)}(x,y)$ l'ensemble de plus courts chemins reliant x et y. D'une manière analogue à l'intermédiarité d'un lien, l'intermédiarité d'un chemin $p \in \sigma^{dist(x,y)}(x,y)$ est donnée par :

$$BC(p) = \sum_{i,j \in V} \frac{\| \sigma^{dist(i,j)}(i,j|p) \|}{\| \sigma^{dist(i,j)}(i,j) \|} \tag{6}$$

où $\sigma^{dist(i,j)}(i,j|p)$ est l'ensemble de plus courts chemins reliant i à j et ayant p comme un sous-chemin. L'intermédiarité de chemin entre deux nœuds x, y est donnée par :

$$sim^{PBC}(x,y) = \max_{p \in \sigma^{dist(x,y)}(x,y)} BC(p) \tag{7}$$

Le temps de commutation moyen (CT) Le temps de commutation moyen est donné par le nombre d'étapes nécessaires à un marcheur aléatoire qui part de x pour atteindre y puis retourner à x. Dans (Fouss et al., 2007) on montre que le calcul de cette indice est donné par la formule suivante :

$$sim^{CT}(x,y) = \frac{1}{L_{xx}^+ + L_{yy}^+ + 2L_{xy}^+} \tag{8}$$

où $L^+ = (D - A)^{-1}$ est le pseudo-inverse de la matrice laplacienne du graphe cible.

Indice de forêts de matrices (MFI) Selon cette mesure proposée dans (Chebotarev and Shamis, 1997), la similarité entrée deux nœuds x et y est exprimée par le ratio du nombre de forêts recouvrant tel que x et y sont dans le même arbre recouvrant enraciné dans x sur le nombre total de forêts recouvrant dans le graphe. Dans (Fouss et al., 2007) on montre que le calcul de cette mesure peut être donné par la formule matricielle suivante :

$$sim^{MFI} = (I + L)^{-1} \tag{9}$$

où L est la matrice laplacienne du graphe cible.

Mesures semi-locales Une mesure semi-local vise à réaliser un compromis entre une exploration de la structure du graphe qui dépasse le simple voisinage d'une part, et l'efficacité computationelle d'autre part. Souvent Une mesure semi-locale est dérivée d'une mesure centrée chemin comme c'est le cas par exemple de la mesure tronquée de Katz définie par :

$$sim^{t-katz} = \sum_{l=1}^{l_{max}} \beta^l A^l \qquad (10)$$

Une autre mesure similaire est l'indice de chemin local proposée dans (Zhou et al., 2009) et définie par :

$$sim^{LPI} = A^2 + \epsilon A^3 \qquad (11)$$

où ϵ est un paramètre à fixer pour pondérer l'apport de nombre de chemins de longueur 3 à la valeur de cette mesure. Noter que si $\epsilon = 0$ cette mesure reviens à calculer le nombre de voisins communs (cf. **??**).

Une autre mesure semi-local, nommée *PropFlow*, proposée dans (Lichtenwalter et al., 2010) repose sur l'idée de la propagation bornée entre les deux nœuds cibles. La similarité entre deux nœuds x et y est assimilée à la probabilité d'un marcheur aléatoire de partir de x et d'arriver à y en l étapes. Les poids des liens du graphe cible sont pris pour être les probabilités de transition d'un nœud vers un autre. Le processus d'exploration applique une stratégie de recherche en largeur, mais l'exploration s'arrête à l'arrivé au nœud cible ou à l'arrivé à un nœud déjà visité (y compris si c'est le nœud x).

Dans (Benchettara et al., 2010), les auteurs font remarquer que beaucoup de réseaux de collaboration réels sont issus de la projection d'un réseau bipartite sur l'un des deux ensembles le constituant. Par exemple, un réseau de co-achat est la projection sur l'ensemble de clients du graphe bipartite d'achats, reliant les clients aux produits achetés. De nouvelles mesures de similarités entre les clients peuvent être définies d'une manière indirecte en considérant les relations induites sur l'espace de produits. D'une manière plus générale, soit un graphe bipartite G_{bip} défini sur deux ensembles $\top$ et $\bot$. Soit $G_\top$ (reps. $G_\bot$) le graphe projeté sur l'ensemble $\top$ (reps. $\bot$). Une mesure indirecte définie sur les éléments de $\bot$ est donnée par :

$$A_\bot(x,y) = \Phi_{u\in\Gamma_{G_{bip}}(x), v\in\Gamma_{G_{bip}}(y)} A_\top(u,v) \qquad (12)$$

où Φ est une fonction d'agrégation. $A_\top$ (reps $A_\bot$) est une mesure dyadique quelconque définie sur le graphe $G_\top$ (reps. $G_\bot$).

Clustering spectral Un problème similaire au problème de partitionnement de graphe est celui de calcul de coupe minimale. Une coupe correspond à la partition de l'ensemble de sommets V d'un graphe en deux ensembles disjoints S et T de sorte que l'ensemble des liens du graphe aient extrémités dans chaque sous-ensemble de la partition. La coupe est minimale si l'ensemble de liens entre les deux sous-ensembles est minimale. Pour éviter le calcul de coupes triviales et peu intéressantes où l'un des sous-ensembles se résume à un singleton, on change souvent la fonction objective de sorte que les tailles des sous-ensemble soient prises en compte. Soit $\pi = (C_1, C_2, \ldots, C_k)$ une partition de l'ensemble des nœuds. Les deux variantes de la fonction objectif les plus employées sont (White and Smyth, 2005) :

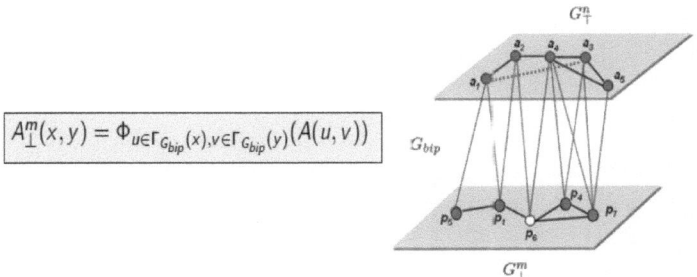

$$A_{\perp}^{m}(x,y) = \Phi_{u \in \Gamma_{G_{bip}}(x), v \in \Gamma_{G_{bip}}(y)}(A(u,v))$$

FIG. 5: Définition de mesures indirectes dans des graphes projetés d'un graphe bipartite.

— Le ratio de la coupe donné par :

$$Ratio\_Cut(\pi) = \sum_{i=1}^{k} \frac{cut(C_i, \overline{C_i})}{\| C_i \|} \tag{13}$$

où $\overline{C_i}$ est le complément de C_i
— La coupe normalisée donnée par :

$$Ncut = \sum_{i=1}^{k} \frac{cut(C_i, \overline{C_i})}{vol(C_i)} \tag{14}$$

où $vol(C_i) = \sum_{v \in C_i} d_v$

Dans les deux cas, l'optimisation de la fonction objectif peut être ramenée à un problème de minimisation de trace formulée par :

$$\min_{S \in \{0,1\}^{n \times k}} Tr(S^T \tilde{L} S) \tag{15}$$

où :

$$\tilde{L} = \begin{cases} D - A & \text{cas de Ratio Cut} \\ I - D^{-\frac{1}{2}} A D^{-\frac{1}{2}} & \text{cas de Ncut} \end{cases} \tag{16}$$

Dans les deux cas, la valeur optimale de S correspond aux premiers vecteurs propres de la matrice $\tilde{L}$ qui sont associés aux plus petites valeurs propres (Tang and Liu, 2010).

2.2.2 Approche fondée sur les modèles de blocks

Le principe de cette approche décrite dans (Tang and Liu, 2010) est d'approximer la structure du graphe, représentée par la matrice d'adjacence A par une structure de blocks. La figure 6 présente une illustration visuelle de l'approche où la matrice visualisée à droite est obtenue à partir de celle affichée à gauche après réorganisation des lignes et des colonnes. Chaque block obtenu correspond à une communauté. On peut approximer la matrice d'adjacence A par le produit suivant :

$$A \approx S\Sigma S^T \tag{17}$$

où $S \in \{0,1\}^{n \times k}$ est la matrice d'appartenance des nœuds aux blocks, k est le nombre de blocks, et Σ est la matrice de densité d'interactions dans les blocks. Une fonction objective naturelle à minimiser est la suivante :

$$min \parallel A - S\Sigma S^T \parallel_F^2 \tag{18}$$

où $\parallel . \parallel_F^2$ est la norme de Frobenius : $\parallel A \parallel_F^2 = \sum_{i=1}^{n} \sum_{j=1}^{n} |A_{ij}|^2$.

Ce problème de minimisation est connu pour être NP-difficile quand S est à valeurs discrètes. Une approximation consiste à assouplir la contrainte et considérer la matrice S avec valeurs continues mais en imposant l'orthogonalité des vecteurs de S. Autrement dit on impose que $SS^T = I_k$. Dans ce cas la valeur optimale de S sera les k premiers vecteurs propres de la matrice A associés aux k plus grandes valeurs propres de cette matrice.

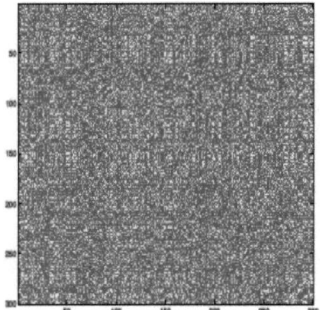 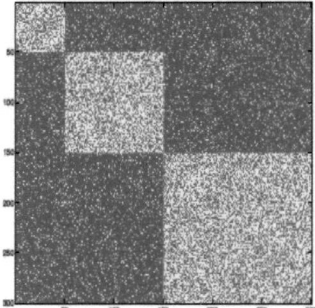

FIG. 6: Illustration de l'approche de modèle de blocks - exemple tiré de (Tang and Liu, 2010).

2.2.3 Approches d'optimisation

Soit $\Pi = \{\mathcal{P}_1, \mathcal{P}_2, \ldots, \mathcal{P}_{2^n}\}$ l'ensemble de partitions possibles d'un graphe G où n est le nombre de nœuds du graphe. Le problème de détection de communautés peut être ramené à un problème classique d'optimisation avec la définition d'une fonction objectif de qualité d'une partition. Le critère de la *modularité* proposé initialement dans (Newman, 2004a) est la fonction objective la plus utilisée depuis. De façon informelle, la modularité d'une partition mesure la différence entre la proportion de liens internes aux communautés et la même quantité dans un modèle nul ou aucune structure communautaire n'est attendue. Le modèle nul est donné par un graphe aléatoire ayant le même nombre de nœuds et de liens et la même distribution de degrés. Plus formellement étant donné une partition $\mathcal{P} = \{c_1, \ldots, c_k\}$ en k communautés. pour une communauté C_i la qualité est donnée par $\sum_{i,j \in c_i} (A_{ij} - \frac{d_i d_j}{2m})$. Pour une partition, la qualité est égale à la somme des qualités de chacune de ses composantes : $\sum_{c_i \in \pi} \sum_{i,j \in C_i} (A_{ij} - \frac{d_i d_j}{2m})$. La modularité d'une partition $\mathcal{P}$ est alors donnée par la formule suivante :

$$Q(\mathcal{P}) = \frac{1}{2m} \sum_{c \in \mathcal{P}} \sum_{i,j \in c} (A_{ij} - \frac{c_i d_j}{2m}) \tag{19}$$

Le terme $\frac{1}{2m}$ est ajouté afin de normaliser les valeurs possibles de Q dans l'intervalle $[-1, 1]$.

La maximisation de la modularité est un problème NP-difficile (Brandes et al., 2008). Des méthodes d'optimisation approchées sont proposées pour calculer, en temps et espace polynomiaux, des partitions que l'on espère proches de l'optimum. Des méthodes d'optimisation directe utilisant les techniques d'algorithmique génétique (Li and Song, 2013; Pizzuti, 2012; Cai et al., 2011), de recuit-simulé (Reichardt and Bornholdt, 2006; Guimera et al., 2004) ou de l'optimisation extrêmale (Duch and Arenas, 2005) ont été proposées. Cependant les heuristiques les plus appliquées sont fondées sur le principe de la classification hiérarchique. Deux approches contraires sont largement expérimentées :

— Les approches agglomératives (ou ascendantes) selon lesquelles on part de la partition atomique (ensemble des singletons), et on fusionne deux communautés à chaque itération. Les communautés à fusionner sont celles qui promettent une modularité maximale. Des exemples de ces approches sont données dans (Blondel et al., 2008; Newman, 2004b; Donetti and Munöz, 2004; Pons and Latapy, 2006).

— Les approches divisives (de descendantes) dans lesquelles on part du graphe entier. A chaque itération, on cherche à scinder une communauté en deux de sorte à maximiser la modularité. Des exemples de cette approche sont donnés dans (Newman, 2004a; Radicchi et al., 2004).

Les deux types d'approches produisent des hiérarchies de communautés. La figure 14 illustre un exemple d'hiérarchie retournée par un algorithme d'optimisation de la modularité. Généralement, on retient une partition à nombre de communautés voulu, ou celle qui maximise la modularité.

Dans (Tang and Liu, 2010) une formulation matricielle du problème de l'optimisation de la modularité est proposée. On définit la matrice

$$B = A - \frac{da^T}{2m} \tag{20}$$

L'expression de la modularité d'une partition (voir formule 19) peut alors être formulée comme suit :

$$Q = \frac{1}{2m} \sum_C S_C^T B S_C = \frac{1}{2m} Tr(S^T B S) = Tr(S^t \tilde{B} S) \tag{21}$$

où $S_C \in \{0, 1\}^n$ est le vecteur d'appartenance communautaire des nœuds dans C, S est la matrice d'indication de l'appartenance d'un couple de nœuds à une même communauté, et

$$\tilde{B} = \frac{1}{2m} B = \frac{A}{2m} - \frac{dd^T}{(2m)^2} \tag{22}$$

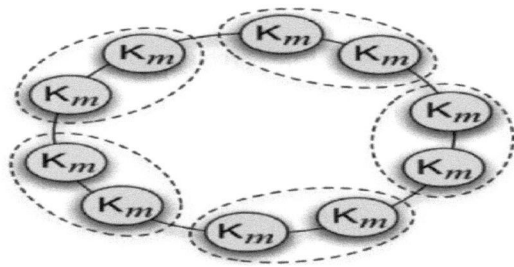

FIG. 7: Exemple du problème de limite de la résolution de la modularité : La maximisation de la modularité conduit à grouper les cliques deux à deux - Exemple tiré de (Seifi, 2012).

La maximisation de Q peut se ramener alors au calcul des k premiers vecteurs propres associés aux k valeurs propres les plus grandes de la matrice $\tilde{B}$ sous condition de relaxation spectrale de S (i.e. $SS^T = I$) (Newman, 2006).

Limites de l'optimisation de la modularité Les approches fondées sur l'optimisation de la modularité font implicitement les hypothèses de travail suivantes :

(i) La meilleur décomposition en communautés d'un graphe est celle correspondant à la modularité maximale.

(ii) Si un réseau a une structure communautaire alors on peut trouver une partition précise pour laquelle la modularité est maximale.

(iii) Pour un réseau à structure communautaire, les partitions correspondant à des grandes valeurs de modularité sont structurellement similaires.

Or, des récentes études ont montré que les trois hypothèses énumérées ci-dessus sont toutes fausses. Dans (Fortunato and Barthélemy, 2007) les auteurs montrent que les algorithmes fondés sur l'optimisation de la modularité souffrent d'un problème de limite de résolution dans le sens qu'ils ne peuvent pas distinguer des communautés plus petites d'une certaine taille limite. Pour des graphes non pondérés la maximisation de la modularité ne permet pas de distinguer des communautés ayant un nombre de liens inférieur à $\sqrt{\frac{m}{2}}$. La figure 7 illustre un graphe type qui montre le problème de limite de résolution. Dans ce graphe composé d'un ensemble de cliques de m nœuds connectées en anneau, la maximisation de la modularité va conduire à regrouper les cliques deux à deux. Afin de fixer les idées, considérons le graphe illustré à la figure 7 dans le cas où $m = 3$. La modularité de la partition naturelle sera alors $Q = 0.650$ tandis que la modularité de la partition où les cliques sont regroupées deux à deux sera de $Q = 0.675$.

Dans une tentative de traitement de ce problème de limite de la résolution, une correction de la fonction de la modularité est proposée dans (Reichardt and Bornholdt, 2006) en ajoutant un paramètre de résolution λ comme suit :

$$Q(\mathcal{P}) = \frac{1}{2m} \sum_{c \in \mathcal{P}} \sum_{i,j \in c} (A_{ij} - \boldsymbol{\lambda} \frac{d_i d_j}{2m}) \tag{23}$$

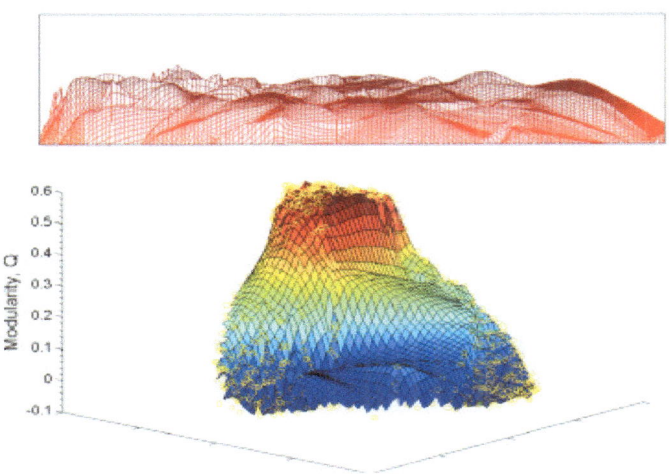

FIG. 8: Distribution de partitions à modularités maximales - exemple tiré de (Good et al., 2010).

Plus la valeur de λ est grande plus les communautés de petites tailles seront favorisées par Q puisque la maximisation de Q nécessite la minimisation du terme $\lambda\frac{d_i d_j}{2m}$. Inversement, les communautés de grandes tailles seront favorisées en diminuant λ. Noter que pour $\lambda = 1$, on obtient la même fonction de modularité initiale. Si cette nouvelle fonction de modularité, appelée *modularité mutli-résolution*, peut être réglée pour explorer de communautés à différentes échelles, elle apporte néanmoins une réponse partielle au problème de la limite de résolution puisque les tailles de communautés dans les réseaux réels sont très hétérogènes et suivent aussi une distribution selon une loi de puissance. D'autre part, on montre dans (Lancichinetti and Fortunato, 2011) que la maximisation de la modularité n'a pas seulement tendance à fusionner les petits groupes, mais aussi à éclater des grandes communautés, et il semble impossible d'éviter simultanément les deux problèmes.

Plus sérieux encore sont les leçons tirées de l'étude reportée dans (Good et al., 2010) où les auteurs démontrent l'existence d'un grand nombre de partitions très différentes entre elles mais qui ont une valeur de modularité optimale. Ce plateau étendu de partitions différentes entre-elles mais qui ont des modularités maximales explique les différences dans les résultats des différentes approches d'optimisation de la modularité. Dans (Aynaud and Guillaume, 2010) on montre que les algorithmes de maximisation de la modularité sont très sensibles à des perturbations minimales appliquées au graphe étudié.

Ces sérieux inconvénients remettent en cause les nombreuses approches développées pour la détection de communautés par maximisation de la modularité. Cependant, la modularité

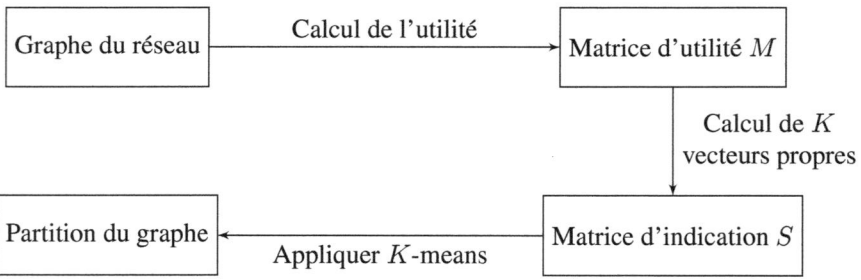

FIG. 9: Approche unifiée pour la détection de communautés (Tang and Liu, 2010).

reste un critère, parmi d'autres, pour pouvoir distinguer et qualifier les qualités des partitions retrouvées mais on sais aujourd'hui que celui-ci ne peut pas être le seul critère possible.

2.2.4 Modèle unifié de détection de communautés

Dans un travail de synthèse, les auteurs de (Tang and Liu, 2010) présentent une approche unifiée pour les méthodes de détection de communautés basées sur l'analyse de la connexion globale du réseau. L'approche unifiée est illustrée à la figure 9. Cette approche est structurée en trois étapes :

Calcul de matrice d'utilité M. A partir de la matrice d'adjacence du graphe cible A_G et une fonction objective, on construit une matrice d'utilité M. Dans les cas que nous avons traité ci-avant, M peut être définie comme suit :

$$M = \begin{cases} A \text{ (voir formule 17)} & \text{Modèle de blocks} \\ \tilde{L} \text{ (voir formule 16)} & \text{Clustering spectral} \\ \tilde{B} \text{ (voir formule 22)} & \text{Maximisation de modularité} \end{cases} \quad (24)$$

Calcul de la matrice d'indication S. A partir de la matrice d'utilité M on calcule la matrice formée par les K-top vecteurs propres de M. Ces vecteurs représentent l'essentiel des interactions dans le réseau en fonction de la fonction objective employée.

Calcul de la partition du graphe. Les nœuds du réseau seront recodés en fonction de la nouvelle base définie par la matrice S. L'algorithme k-means peut être appliqué afin de trouver une partition du graphe d'origine dans l'espace défini par S.

2.3 Approches centrées propagation

Les approches centrées propagation exploitent la propriété de la densité des liens intra-communauté. En effet, en raison de la densité relative des communautés et des faibles liens intercommunautaire, on peut raisonnablement admettre qu'un *signal* émis par un nœud et retransmis par ses voisins a plus de chance de rester dans la communauté du nœud source, que de se propager aux autres communautés. Différents algorithmes exploitent cette propriété différemment. Par exemple, l'algorithme *WalkTrap* (Pons and Latapy, 2006) calcule pour chaque nœud dans le graphe un vecteur qui donne la probabilité qu'un marcheur aléatoire arrive aux autres nœuds du réseau en k pas de temps. Les vecteurs de probabilité ainsi calculés pour chaque nœud sont utilisés pour calculer des similarités entre les nœuds. D'autres algorithmes centrés propagation sont les algorithmes basés sur les techniques de propagation de labels (Bajec, 2011; Cordasco and Gargano, 2012; Corlette and III, 2010; Gregor, 2010; Raghavan et al., 2007; Xie and Szymanski, 2011).

2.4 Approches centrées graines

L'algorithme suivant donne le schéma général d'un algorithme centré-graine pour la détection de communautés. On y distingue trois principales étapes : la détection de graine autour lesquelles des on identifie des communautés locales (Kanawati, 2014a). L'ensemble des communautés locales ainsi identifiées seront ensuite utilisées pour identifier une partition du graphe.

Algorithm 1 Schéma général d'un algorithme centré–graine

Require: $G = <V, E>$: Un graphe connexe
1: $\mathcal{C} \leftarrow \emptyset$
2: $S \leftarrow$ **détection_de_graines(G)**
3: **for** $s \in S$ **do**
4: $\quad C_s \leftarrow$ **communauté_locale(s,G)**
5: $\quad \mathcal{C} \leftarrow \mathcal{C} + C_s$
6: **end for**
7: **return calcul_communauté($\mathcal{C}$)**

Une graine peut correspondre à un nœud souvent sélectionné en utilisant les mesures classiques des centralités comme c'est fait dans (Khorasgani et al., 2010; Shah and Zaman, 2010). Dans d'autres algorithmes une graine cooresponds à un sous-graphe (Papadopoulos et al., 2011), ou à un ensemble de nœuds par forcément connectés entre eux (Yakoubi and Kanawati, 2014).

Différents algorithmes peuvent être appliqués pour le calcul de communauté locale d'une graine. Des algorithmes classiques d'expansion à partir de la graine sont proposés dans (Clauset, 2005; Chen et al., 2009; Ngonmang et al., 2012). Une approche multi-objectifs est proposée dans (Kanawati, 2015). Un algorithme de calcul de communauté locale autour d'un ensemble de nœuds est proposé dans (Danisch et al., 2013). Ces approches ne garantissent pas de couvrir l'ensemble de nœuds d'un graphe dans la structure communautaire ainsi calculée. Dans (Yakoubi and Kanawati, 2014) une approche plus originale est proposée où après la détection de graines, chaque nœud dans le graphe (graine ou non) calcule un vecteur de préférence d'appartenance aux communautés de chaque graine. L'appartenance communautaire des nœuds est le résultat d'un processus de vote local impliquant le nœud et ses voisins directs.

La plupart d'algorithmes centrés-graines existant retourne l'ensemble des communautés locales des graines comme le résultat finale. Une exception est l'algorithme *Yasca* décrit dans (Kanawati, 2014c) où les communautés locales identifiées sont utilisées pour construire des bi-partitions du graphe (partition en deux communautés : la communauté locale et les autres nœuds du graphe). Une étape de fusion des bi-partitions ainsi trouvées est effectuée afin d'obtenir la structure communautaire du graphe.

La plupart des algorithmes centrés graine s'appuie sur des calculs locaux, ce qui facilite la parallélisation de ce types d'algorithmes. Une étude comparative des approches centrées graines est présentée dans (Kanawati, 2014b).

3 Evaluation des communautés

Les différents algorithmes de détection de communautés calculent souvent des structures communautaires différentes pour un même graphe. Si les différents algorithmes peuvent être comparés en termes de leurs complexités de calcul et d'espace mémoire requis, la qualité des communautés retrouvées reste un indicateur important de la performance de ces algorithmes. Or, l'évaluation de la qualité des communautés est aujourd'hui encore une question ouverte malgré le nombre important de travaux dans ce domaine. Trois grandes familles d'approches sont proposées dans la littérature :
— les indices d'évaluation de la similarité d'une partition retrouvée avec une partition de référence ;
— les indices d'évaluation des qualités topologiques des communautés ;
— évaluation guidée par une tâche.

3.1 Indices d'évaluation de communautés par rapport à une partition de référence

La disponibilité d'une partition de référence pour un graphe G peut être le résultat d'un des trois processus suivants :

Annotation par un expert : Les graphes pour lesquels des experts ont défini des partitions de références sont souvent des graphes de très petites tailles. Le tableau 3 décrit les caractéristiques des principaux réseaux réels annotés par des experts et qui sont souvent utilisés comme un benchmark pour les algorithmes de détection de communautés [4]. La figure 10 montre un exemple célèbre : le réseau de club de Karaté de Zachary. Ce réseau a été étudié initialement dans (Zachary, 1977). Il est composé de deux communautés disjointes comme illustré par le code de couleur.

Définition implicite : Les approches basées sur *l'inférence* de communautés en fonction de certaines informations sémantiques décrivant les nœuds et/ou les liens d'un réseau. C'est l'approche adoptée dans le travail récent de *Jure Leskovec et al.* (Yang and Leskovec, 2012). Or, certaines règles appliquées pour l'inférence de communautés sont plus que discutables : Par exemple, dans le cas du réseau de publications reportées dans la fameuse base DBLP, les auteurs proposent que deux auteurs qui publient dans une même conférence appartient à une même communauté !. Dans le cas du réseau social *Live Journal*, ils proposent d'assimiler les groupes de fans d'artistes à des communautés. Il est bien sûr difficile de définir des règles

---

4. La plupart de ces réseaux de benchmark sont disponibles sur la page de jeux de données de Pajek : http ://vlado.fmf.uni-lj.si/pub/networks/data/esna/

Réseau	n	m	# communautés
Club de Karaté de Zachary	34	78	2
Football	115	616	11
Strike	24	38	3
Livres politiques	100	441	3
Dauphins	62	159	2

TAB. 3: Quelques réseaux réels souvent utilisés comme un benchmark pour les algorithmes de détection de communautés.

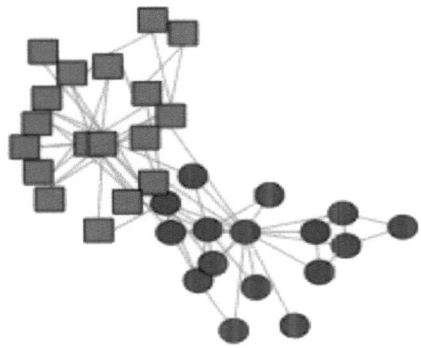

FIG. 10: Le réseau de club de Karaté de Zachary : il décrit les relations d'amitiés entre 34 membres d'un club de Karaté observées lors de la gestion d'un conflit durable entre l'entraîneur et l'administrateur du club (Zachary, 1977).

plus précises sans analyse approfondie, mais les communautés ainsi définies sont souvent très nombreuses, de petits tailles par rapport à la taille du réseau et sont mono-thématique.

Génération par un modèle artificiel Le principe est de générer des graphes artificiels avec des structures communautaires paramétrable. Le modèle générateur le plus récent est le modèle *LFR* (Lancichinetti and Radicchi, 2008). Les générateurs sont basés sur la définition de communautés denses qu'on relie entre elles avec une densité paramétrable afin de contrôler la difficulté de la reconnaissance de la structure communautaire. Cette approche a le mérite de la simplicité et de la possibilité de générer des graphes de différents tailles et de différents degrés de difficulté à décomposer en communautés. Mais rien ne prouve que les graphes générés par ces modèles sont bien similaires dans leurs mécanismes de formation aux graphes de terrain. L'historique de l'évolution de nos connaissances sur la caractérisation des graphes de terrain ne permet pas de dire qu'on connais déjà la liste ultime de leurs caractéristiques topologiques. Quant à la dynamique de l'évolution de communautés rien n'est encore bien établie de sorte à permettre d'utiliser les actuels modèles génératifs pour la détection de communautés dynamiques.

La disponibilité d'une partition de référence permet d'utiliser les différentes mesures de *distance* entre clusters développées pour l'évaluation des approches de classification non-supervisé (ou clustering) (Aggarwal and Reddy, 2014). Les indices classiques de *pureté*, de rand (Rand, 1971), de rand ajusté (ARI) (Hubert and Arabie, 1985) ou encore les mesures fondées sur la théorie de l'information comme l'information mutuelle normalisé (NMI) (Strehl and Ghosh, 2003) ou la variation de l'information (vi) (Meila, 2003) peuvent être utilisés.

Ces mesures, appliquées au problème d'évaluation de la détection de communautés ignorent par construction une partie importante de l'information disponible, à savoir la topologie du réseau. Des travaux récents ont tenté d'aborder ce problème. Dans (Orman et al., 2012), les auteurs proposent d'utiliser de façon conjointe les mesures traditionnelles et différentes propriétés topologiques. Cependant, ils reconnaissent eux-mêmes que l'utilisation de ces dernières n'est pas simple, car leur quantification prend la forme de plusieurs séries numériques, difficiles à comparer.

Dans (Labatut, 2012), une adaptation de la mesure de pureté est proposée afin de prendre en compte la topologie du réseau lors de la comparaison de deux partitions. L'idée de base est de définir une pureté nodale qui mesure la pureté pour un nœud x pour une partition U par rapport à une partition R. Cette pureté est définie comme suit :

$$purity(x, U, R) = \delta_{argmax_j \| u(x) \cap r_j \|, r(u)}$$

où $delta_{x,y}$ est l'indice de Kronecker, $u(x)$ (reps. $r(x)$) est la communauté dans U (reps. R) auquel appartient le nœud x. Cette pureté nodale a donc une valeur binaire : 1 si $r(x)$ est la communauté majoritaire dans $u(x)$, et 0 sinon. La pureté d'une communauté par rapport à une partition est reformulée pour être la moyenne de la pureté nodale des nœuds dans la communauté :

$$purity(u_i, R) = \frac{1}{\| u_i \|} \sum_{x \in u_i} purity(x, U, R)$$

3.2 Mesures topologiques pour l'évaluation de communautés

Nous distinguons ici deux types de mesures topologiques :
— Les mesures globales qui évaluent la qualité d'une partition. Le critère de la modularité, présenté dans la section 2.2.3 est le critère le plus employé pour mesurer la qualité intrinsèque d'une partition.
— Les mesures centrées sur la qualité individuelle des communautés formant une partition. En effet, beaucoup de mesures de qualité d'une communauté isolée ont été introduites dans le cadre de la résolution du problème d'identification de la communauté d'un nœud ou ce qui est appelé aussi la détection de communauté locale (Chen et al., 2009; Zhang and Wu, 2012; Ngonmang et al., 2012). Dans ce contexte, la qualité d'une partition est donnée par la moyenne des qualités des communautés qui la composent.

$$Q(\mathcal{C}) = \frac{\sum\limits_i f(S_i)}{|\mathcal{C}|} \tag{25}$$

où $f()$ est une fonction de qualité d'une communauté.

Dans (Leskovec et al., 2010) trois familles de fonctions de qualité topologique d'une communauté sont identifiées (tableau **??**) : des fonctions basées sur la connectivité interne, des fonctions basées sur la connectivité externe et des fonctions hybrides

Mesure	Formule	Description
Densité interne	$\frac{2 \times m_c}{n_c \times (n_c - 1)}$	Densité du sous-graphe induit par la communauté
Degrés moyen	$\frac{2 \times m_c}{n_c}$	Moyen de degrés internes
FOMD	$\frac{|\{u : u \in c, |(u,v), v \in c| > d^m\}|}{n_c}$	Le pourcentage des nœuds interns dont le degré $>$ la mediane des degrés
TPR	$\frac{|\{u \in c\} : \exists v, w \in c : (u,v), (w,v), (u,w) \in E|}{n_c}$	Taux d'implication dans des triangles
Expansion	$\frac{b_c}{n_c}$	Nombre de liens sortants par nœud
Taux de coupe	$\frac{b_c}{n_c \times (N - n_c)}$	Nombre de liens sortants sur le nombre de liens sortants possibles
Conductance	$\frac{b_c}{2m_c + b_c}$	La fraction de liens sortants
MAX-ODF	$\max\limits_{u \in c} \frac{|\{(u,v) \in E, v \notin c\}|}{d_u}$	Le max par nœud de liens sortants

TAB. 4: Mesures topologiques d'évaluation d'une communauté c. n_c : nombre de nœuds dans c, m_c : nombre de liens dans c, b_c : nombre de liens sortant de c et d^m est le médian de degrés des nœuds dans V.

3.3 Evaluation guidée par une tâche

La rareté des réseaux de grandes tailles pour lesquelles une partition de référence est connue (voir tableau 3), les limitations des critères topologiques d'évaluation des communautés (voir 19) et les limitations des modèles générateurs de réseaux artificiels de benchmark, sont quelques facteurs qui ont motivé la recherche de nouvelles approches pour l'évaluation des partitions détectées par les différents algorithmes de détection de communautés. L'évaluation guidée par une tâche semble être une alternative prometteuse. Le principe est simple : Soit T une tâche où la détection de communautés peut être appliquée. Soit $per(T, Algo_{com}^x)$ un indicateur de performance de l'exécution de la tâche T en utilisant l'algorithme de détection de communautés $Algo_{com}^x$. Nous pouvons comparer les performances des deux algorithmes différents en fonction des indicateurs $per(T, Algo_{com}^x)$ et $per(T, Algo_{com}^y)$.

Dans (Papadopoulos et al., 2012), les auteurs proposent d'utiliser la tâche de recommandation de tags dans des folksonomies. Dans (Yakoubi and Kanawati, 2014) la tâche de classification non-supervisée de données *non relationnelles* est employée (voir figure 11). Afin de classifier les données, l'approche commence par structurer les données sous forme de graphe de voisinage (Toussaint and Bhattacharya, 1981) définie à l'aide d'une fonction de distance appropriée. Les algorithmes de détection de communautés peuvent alors être appliqués sur ce graphe pour identifier des clusters.

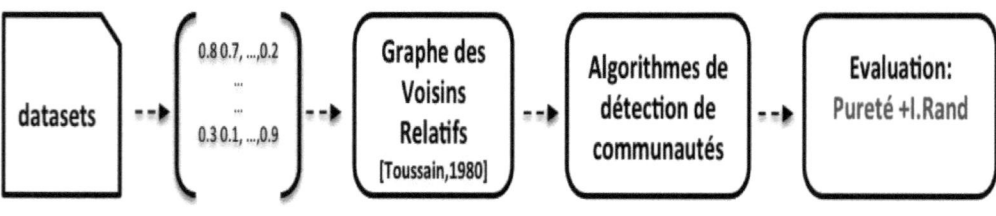

Matrice de similarité

FIG. 11: Evaluation des algorithmes de détection de communautés sur une tâche de clustering de données.

Notation	Description
$A^{[k]}$	Matrice d'adjacence de la couche k
$d_i^{[k]}$	Degré de nœud i dans la couche k
$m^{[k]}$	Nombre de liens dans la couche k
C_{ij}^{kl}	Le poids de lien inter-couches k et l entre le nœuds i et le nœud j

TAB. 5: Notations utilisées pour les réseaux multiplexes

4   Approches de détection de communautés dans des graphes multiplexes

4.1   Problématique

Nous définissons un graphe multiplex, désigné aussi par le termes graphe multi-couches [5] ou encore graphe multi-relationnel, comme un graphe composé d'un ensemble de nœuds de même type, reliés par différents types de relations. Une présentation usuelle (voir figure 12) est de représenter un tel réseau sous forme de réseau multi-couches. Chaque couche contient le même ensemble de nœuds V. Mais chaque couche correspond à un type de relation différente. Par exemple, dans le cas d'un réseau de co-achat, les nœuds représentent les clients. Chaque couche représente les relations de co-achat d'un genre particulier de produits. Dans le cas de réseaux bibliographiques, on peut définir un multiplex où les nœuds sont les auteurs et chaque couche corresponds à une relation différente : co-publication, co-citation, co-cités, co-participation à une conférence (Davis et al., 2011 ; Pujari and Kanawati, 2015).

D'une manière formelle, nous définissons un réseau multiplex structuré en α couches par $G = < V, E_1, \dots, E_\alpha >$. Chaque couche du multiplex est décrite par une matrice d'adjacence $A_G^{[\alpha]}$. Le tableau 5 donne les principales notations que nous utilisons dans la suite de ce travail.

---

5. Multi-slice en anglais

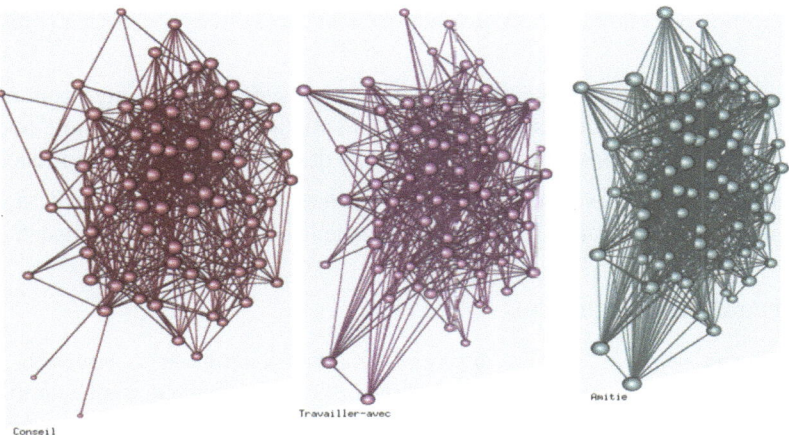

FIG. 12: Illustration d'un réseau multiplex : relations entre acteurs dans un cabinet d'avocats : trois types de relations sont observés : relations de conseil, de collaborations et d'amitiés (Lazega, 2001).

Par analogie à la définition commune d'une communauté dans un graphe simple, nous définissons une communauté multiplexe comme un sous-graphe *dense dans le réseau multiplex* qui est faiblement connecté aux autres communautés dans le graphe. La notion de densité dans un graphe multiplex reste une notion floue : lequel des graphes illustrés à la figure 13 est le plus dense dans le réseau multiplex ?

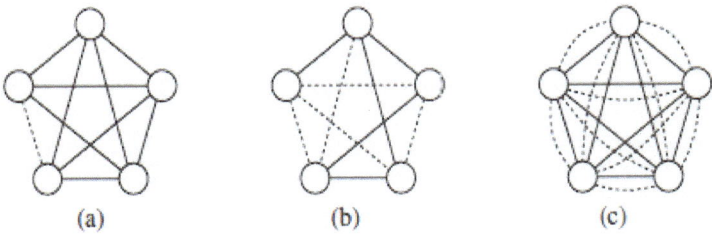

FIG. 13: Sous-graphes denses dans un réseau multiplex ? - Exemple tiré de (Berlingerio et al., 2011).

Les différents travaux abordant le problème de détection de communautés dans les réseaux multiplexes adoptent des définitions différentes. Trois principales approches peuvent être identifiées dans la mise en œuvre des travaux existant :

Agrégation des couches : Le principe est de transformer un réseau multiplex en un réseau simple en appliquant une stratégie d'intégration des différentes couches. Les algorithmes de détection de communautés classiques peuvent alors être appliqués sur le réseau résultant.

Agrégation des partitions : L'idée de base est de détecter des structures communautaires dans chaque couche du réseau multiplex en isolation de l'autre. Ensuite une stratégie de fusion des partitions retrouvées de chacune des couches peut être appliquée.

Exploration simultanée des couches L'idée est d'intégrer la prise en compte de la nature multiplex du réseau dans le processus même de la détection des communautés.

4.2 Agrégation des couches

Soit $G_M = < V, E_1, \ldots, E_\alpha >$ un graphe multiplex défini sur α couches. $A^{[k]}$ est la matrice d'adjacence. L'approche consiste à transformer ce graphe en graphe simple pondéré $G = < V, E, W >$ où W est une matrice de poids sur les liens $e \in E$. L'idée est que la matrice de poids préserve autant que possible les informations contenues dans le graphe multiplex d'origine. Différentes fonctions de calcul des poids sont proposées. Nous citons dans la suite les plus utilisées.

Pondération binaire :   Le principe est de lier deux nœuds dans le graphe simple s'il existe au moins un lien entre ces deux mêmes nœuds dans au moins une des α couches (Berlingerio et al., 2011 ; Suthers et al., 2013). Plus formellement nous avons :

$$w_{ij} = \begin{cases} 1 & \text{si } \exists 1 \leq i \leq \alpha : (i, j) \in E_i \\ 0 & \text{sinon} \end{cases} \tag{26}$$

Pondération selon la fréquence   Dans (Tang and Liu, 2010) on propose de pondérer les liens (i, j) dans E par la moyenne des poids du lien dans l'ensemble des couches. Formellement ;

$$w_{ij} = \frac{1}{\alpha} \sum_{k=1}^{\alpha} A_{ij}^{[k]} \tag{27}$$

Un autre schéma de pondération similaire est celui proposé dans (Berlingerio et al., 2011) où le poids d'un lien est calculé par la redondance du lien dans les différentes couches :

$$w_{ij} = \| \{d : A_{ij}^{[d]} \neq 0\} \| \tag{28}$$

Pondération par une mesure de similarité   Une manière plus générale est de pondérer un lien (i, j) dans un graphe simple représentant un graphe multiplex, par une similarité multiplex. On peut pratiquement, utiliser les mêmes techniques employées pour le calcul de versions temporelles des mesures de similarité dyadiques dans un graphe dynamique (Potgieter et al., 2009). En effet, l'historique de l'évolution d'un graphe sur β pas de temps peut être assimilée à un graphe multiplex de β couches. La différence est que le temps induit un ordre sur les couches contrairement à un réseau multiplex où aucun ordre ne peut être définie sur les couches. Dans (Berlingerio et al., 2011) les auteurs proposent l'utilisation du coefficient de clustering d'un lien potentiel (i, j) comme une mesure de similarité pour la pondération du graphe G.

Combinaison linéaire Dans (Cai et al., 2005) les auteurs avancent l'idée que les couches d'un multiplex peuvent avoir des contributions variables à la composition des communautés et que l'intégration de couches peut être faite par une combinaison linéaire des matrices d'adjacence des couches. Nous avons :

$$A = \sum_{k=1}^{\alpha} w_k A^{[k]} \tag{29}$$

où A est la matrice d'adjacence du graphe simple résultat. Les auteurs proposent d'apprendre les poids w_k à utiliser à partir des contraintes que l'utilisateur peut fournir sur l'appartenance communautaire de certaines couples de nœuds : des couples qui doivent être dans une même communauté et d'autres qui doivent être placés dans des communautés différentes.

Toutes ces approches d'intégration de couches induisent une perte de l'information de la multiplicité des liens. Il n'est pas possible de retrouver le réseau multiplex à partir du réseau simple résultat de l'agrégation. L'avantage évident, est la simplicité de la mise en œuvre et la possibilité d'utiliser un large choix d'algorithmes de détection de communautés développés pour les réseaux simples. La seule condition sur l'algorithme à utiliser est d'être capable de prendre en compte les poids de liens lors du calcul des communautés.

4.3 Agrégation de partitions

A l'opposé des approches d'agrégation de couches, l'agrégation de partitions consiste à appliquer un algorithme de détection de communautés à chacune des α couches. On obtient alors α partitions différentes de l'ensemble des nœuds V. Ces partitions peuvent être agrégées en une seule partition en utilisant les techniques classiques de clustering d'ensemble (Sammut and G., 2010; Strehl and Ghosh, 2003; Topchy et al., 2005; Goder and Filkov, 2008).

Une autre approche similaire est l'approche de calcul de cœurs de communautés développée dans (Seifi, 2012). L'approche consiste à construire une matrice $\mathcal{F}$ de dimension $n \times n$ où chaque élément F_{ij} donne la fréquence de l'association des nœuds i et j dans une même communauté dans l'ensemble des partitions $P^{[k]}$. Un graphe G^{β} de fréquence de co-association est construit sur l'ensemble de nœuds V où deux nœuds sont liés par un lien si $F_{ij} \geq \beta$. Les composantes connexes du graphe G^{β} sont déclarés des cœurs de communautés du graphe d'origine G. L'approche est initialement conçue pour le calcul de cœures de communautés en utilisant des algorithmes non stables de détection de communautés mais elle peut naturellement être étendue à la fusion de partitions différentes obtenues sur différentes couches d'un multiplex. Cependant, l'approche donne de meilleurs résultats si le nombre de couches est assez grande afin de pouvoir obtenir des fréquences de co-affectation significatives.

4.4 Exploration simultanée des couches

Très peu de travaux existant ont abordé le problème d'exploration directe de l'ensemble des couches pour la détection de communautés multiplexes. Quelques travaux cependant ont tenté de généraliser des approches de détection de communautés dans les graphes simples aux graphes multiplexes. Un des premiers travaux dans ce contexte est le travail de Tang et.al. (Tang and Liu, 2010) dans lequel les auteurs, et grâce au modèle unifié (voir section 2.2.4) qu'ils proposent, ont pu identifier de nouvelles approches d'agrégation autres que les deux approches *triviales* d'agrégation des couches et d'agrégation des partitions. En effet, selon le modèle unifié illustré à la figure 9, l'agrégation peut se faire au niveau des matrices d'utilités ou encore au niveau des matrices d'indication d'appartenance communautaire. L'inconvénient de cette approche reste l'emploi en dernière étape d'un schéma de clustering utilisant l'algorithme K-means qui nécessite d'avoir le nombre de communautés à trouver. L'approche est adéquate pour des graphes de taille intermédiaire mais peu adaptée pour les très grands graphes.

Dans (Amelio and Pizzuti, 2014), une approche d'optimization multi-objectives est proposée pour la détection de communautés dans un multiplex. L'approche opère comme suit : d'abords les couches d'un multiplex sont ordonnées selon un critère lié au domaine d'application. Un algorithme classique de détection de communauté est appliqué sur la première couche. Pour les couches suivantes, une approche multi-objective est appliquée de sorte à trouver la partition qui maximise deux fonctions objectives : la modularité de la partition par rapport à la couche concernée, et la similarité de la partition avec celle trouvée pour la couche précédente. La partition ainsi trouvée, pour la dernière couche est donnée comme le résultat de la partition du multiplex. Cette approche présente l'avantage de pouvoir réutiliser la plupart des algorithmes existants pour la détection des communautés. l'inconvénient majeur est la nécessité de finir une fonction de tri des couches qui reste difficile à définir.

Le rôle prépondérant que la modularité et son optimisation ont joué dans le contexte de détection des communautés dans des graphes simples a tout naturellement motivé des travaux de généralisation de la modularité au cas de réseaux multiplexes. Une nouvelle formule de la modularité multiplexe est ainsi proposée dans (Mucha et al., 2010). Cette nouvelle modularité est donnée par la formule suivante :

$$Q_{multiplex}(P) = \frac{1}{2\mu} \sum_{c \in P} \sum_{\substack{i,j \in c \\ k,l:1 \to \alpha}} \left(\left(A_{ij}^{[s]} - \lambda_k \frac{d_i^{[k]} d_j^{[k]}}{2m^{[k]}} \right) \delta_{kl} + \delta_{ij} C_{ij}^{kl} \right) \quad (30)$$

où $\mu = \sum_{\substack{j \in V \\ k,l:1 \to \alpha}} m^{[k]} + C_{jkl}$ est un facteur de normalisation, et λ_k est un facteur de réso-
lution comme introduite pour la modularité multi-résolution Reichardt and Bornholdt (2006) (voir formule 23). Noter que dans notre cas (i.e. multiplex multi-couches) les seuls liens inter-couches sont les liens implicites reliant un nœud i à lui même dans les autres couches. Par conséquent nous avons : $C_{ij}^{kl} = 0 \ \forall i \neq j$.

Cette nouvelle modularité permet d'étendre l'applicabilité des algorithmes d'optimisation développés pour les graphes simples au cas des graphes multiplexes. Récemment, une version inspirée de l'algorithme de Louvain a été proposée en utilisant la modularité multiplex (Carchiolo et al., 2011). Cependant, l'optimisation de la modularité multiplex est aussi susceptible d'avoir les mêmes inconvénients et les mêmes limitations des approches d'optimisation de la modularité.

Dans un travail très récent (Battiston et al., 2013), les auteurs proposent de généraliser les mesures classiques dans les graphes simples au cas des graphes multiplexes. L'approche proposée est assez radicale dans le sens où l'implication de plus d'une couche est requise pour qualifier un nœud ou un lien. Nous prenons le cas simple de la définition du degré d'un nœud pour illustrer l'approche empruntée pour la définition de mesures multiplexes. Soit $d_i^{[tot]} = \sum_{i=2}^{\alpha} d_i^{[i]}$ le degré total d'un nœud i dans le réseau multiplex. On définit le degré multiplex du nœud i par :

$$d_i^{multiplex} = -\sum_{k=1}^{\alpha} \frac{d_i^{[k]}}{d_i^{[tot]}} log\left(\frac{d_i^{[k]}}{d_i^{[tot]}}\right) \tag{31}$$

En utilisant une fonction d'entropie, les auteurs de (Battiston et al., 2013) mettent l'accent sur l'importance de l'implication d'un nœud dans plus d'une couche du multiplex. Par exemple, le degré multiplex d'un nœud i dont tous les liens adjacents sont dans une même couche est égale à 0. Le degré sera maximal si le nœud a le même nombre de liens dans chacune des couches. Ce schéma de redéfinition des mesures topologiques pour les graphes multiplexes permet d'envisager d'appliquer d'autres types d'algorithmes de détection de communautés, notamment les algorithmes centrés graines et les algorithmes centrés diffusion qui ont montré des performances intéressantes lors de l'application sur des réseaux simples.

Les mesures et les concepts monadiques (ex. le degré, le voisinage) et dyadiques (ex. plus court chemin) généralisées au cas des multiplexes, sont utilisées dans (Hmimida and Kanawati, 2015), afin d'adapter un algorithme centré-graine, l'algorithme Licod (Yakoubi and Kanawati, 2014), pour la détection de commutantes dans les réseaux multiplexes. Une adaptation de l'algorithme *infomap* (Rosvall et al., 2009) aux réseaux multiplexes est aussi proposée dans (De Domenico et al., 2014).

4.5 Critères d'évaluation

Dans la section 3, nous avons passé en revue les principales approches d'évaluation des communautés détectées dans les graphes simples. Très peu de travaux ont abordé cette épineuse question dans le cas des graphes multiplexes. En effet, à notre connaissance, nous n'avons pas de graphes réels ni de générateurs de graphes artificiels qui peuvent nous donner des réseaux multiplexes de benchmrak.

Au niveau des indicateurs topologiques, la modularité multiplexe peut être une mesure globale. Or, les limitations de l'optimisation de la modularité limite aussi l'intérêt de cette mesure pour l'évaluation. Un indicateur topologique de qualité d'une communauté multiplexe a été proposé dans (Berlingerio et al., 2011). L'indicateur, appelé *mesure de redondance* calcule la moyenne de la redondance de chaque lien intra-communauté dans l'ensemble des couches du multiplex. L'intuition est que les liens intra-communauté doivent être des liens récurrents dans les différentes couches. Le calcul de cet indicateur est fait comme suit. Soient :

— P l'ensemble de couples (u, v) qui sont directement connectés dans une couche au moins.
— $\bar{\bar{P}}$ l'ensemble de couples (u, v) qui sont directement connectés dans deux couches au moins.
— $P_c \subset P$ l'ensemble de liens dans la communauté c
— $\bar{\bar{P}}_c \subset \bar{\bar{P}}$ le sous-ensemble de $\bar{\bar{P}}$ et qui sont aussi dans c.

La redondance d'une communauté c est alors donnée par :

$$\rho(c) = \sum_{(u,v)\in\bar{\bar{P}}_c} \frac{\parallel \{k : \exists A_{uv}^{[k]} \neq 0\} \parallel}{\alpha \times \parallel P_c \parallel} \tag{32}$$

La qualité d'un partition multiplexe peut être donnée par :

$$\rho(\mathcal{P}) = \frac{1}{\parallel \mathcal{P} \parallel} \sum_{c \in \mathcal{P}} \rho(c) \tag{33}$$

5   Conclusion

La codage de traces des activités interactives sous forme de graphes permet d'appliquer la très riche *boîte à outils* d'approches d'exploration, d'analyse et de fouille de réseaux complexes développé aujourd'hui dans une communauté scientifique pluridisciplinaire. Un problème central dans l'étude des réseaux complexes est celui de la détection des communautés : des sous-graphes denses faiblement connectés entre eux. La découverte de la structure communautaire d'un graphe permet d'enrichir nos connaissances sur la structure interne des schéma des interactions mais aussi nous renseigner sur les possibilités d'évolution du graphe. Dans le cadre des systèmes de recommandation, la détection de communautés peut être vue comme une généralisation du principe du filtrage collaboratif où nous pouvons exploiter les caractéristiques de chaque communauté afin de mieux cibler les recommandations aux niveaux individuelles. Les mêmes techniques peuvent être utilisées aussi pour caractériser des groupements (i.e clusters) de produits. La littérature scientifique concernant la détection de communautés est très abondante. Il existe un nombre impressionnant d'approches différentes développées dans différentes disciplines. Dans ce travail, nous avons présenté un bref survol des principales approches de détection de communautés dans les graphes simples. Nous avons aussi pointé la difficulté de l'évaluation et de la caractérisation des communautés détectées par les différents algorithmes. Une approche qui nous semble prometteur est celle de l'évaluation guidée par des tâches. La tâche de recommandation est une tâche de choix pour ce type d'évaluation.

Or, dans beaucoup de cas réels qui nous intéressent, les graphes d'interaction ont une structure multiplexe : le graphe peut être ramené à un graphe multi-couches défini sur le même ensemble de nœuds mais où chaque couche encode une relation différente. Cette nouvelle modélisation permet de capter plus d'informations sur les interactions étudiées comme c'est le cas par exemple de réseau d'évaluation de produites, les réseaux de co-achats mais aussi des relations différentes dans les réseaux sociaux dans lesquelles les utilisateurs sont impliqués (relation d'amitiés, relation familiales, ..., etc). Dans le cas des interactions dans les sites de partage social et de micro-blogging (ex. Twitter), la problématique d'analyse de graphes multiplexes est naturellement posée. Nous avons centré notre étude ici sur les techniques de détection de communautés dans les graphes multiplexes. Le concept est encore flou et davantage d'études de caractérisation de communautés multiplexes est nécessaire. La pauvre palette d'outils d'évaluation propres aux communautés multiplexes en témoigne. En effet, la plupart des approches existantes consiste à transformer le problème, d'une manière ou d'aune autre, en problème de détection de communautés dans des graphes simples. Ceci est fait soit par agrégation des couches du réseau multiplex soit par agrégation des partitions obtenues sur chacune des couches séparément. Très récemment des approches qu'on peut qualifier de natives ont été proposées pour la détection de communautés multiplexes. Ces approches sont principalement des généralisations des approches déjà développées pour les graphes simples et partagent naturellement les inconvénients de leurs homologues. C'est notamment le cas des approches, pourtant rapides sur des très grands graphes, de l'optimisation gloutonne de la modularité. La proposition récente de mesures topologiques propres aux graphes multiplexes ouvre la voie à l'application d'autres approches intéressantes pour la détection de communautés et qui ont fait leurs preuves pour les graphes simples, notamment les approches centrées graines et les approches centrées propagation.

Références

Adamic, L. and Adar, E. (2003). Friends and neighbors on the Web. *Social Networks*, 25(3) :211–230.

Aggarwal, C. C. and Reddy, C. K., editors (2014). *Data Clustering : Algorithms and Applications*. CRC Press.

Aidouni, F., Latapy, M., and Magnien, C. (2009). Ten weeks in the life of an edonkey server. In *IPDPS*, pages 1–5. IEEE.

Amelio, A. and Pizzuti, C. (2014). Community detection in multidimensional networks. In *IEEE 26th International Conference on Tools with Artificial Intelligence*, pages 352–359.

Archambault, A. and Grudin, J. (2012). A longitudinal study of facebook, linkedin, & twitter use. In Konstan, J. A., Chi, E. H., and Höök, K., editors, *CHI*, pages 2741–2750. ACM.

Aynaud, T. and Guillaume, J.-L. (2010). Static community detection algorithms for evolving networks. In *WiOpt*, pages 513–519. IEEE.

Baeza-Yates, R. A. (2007). Graphs from search engine queries. In *SOFSEM (1)*, pages 1–8.

Bajec, M. (2011). Robust network community detection using balanced propagation. *Nature*.

Barabási, A. and Albert, R. (1999). Emergence of scaling in random networks. *Science*, 286 :509.

Barthelemy, M. (2010). Spatial networks. *CoRR*, abs/1010.0302.

Bastian, M., Heymann, S., and Jacomy, M. (2009). Gephi : An open source software for exploring and manipulating networks. In Adar, E., Hurst, M., Finin, T., Glance, N. S., Nicolov, N., and Tseng, B. L., editors, *ICWSM*. The AAAI Press.

Battiston, F., Nicosia, V., and Latora, V. (2013). Metrics for the analysis of multiplex networks. *CoRR*, abs/1308.3182.

Benchettara, N., Kanawati, R., and Rouveirol, C. (2010). A supervised machine learning link prediction approach for academic collaboration recommendation. In Amatriain, X., Torrens, M., Resnick, P., and Zanker, M., editors, *RecSys*, pages 253–256. ACM.

Berlingerio, M., Coscia, M., and Giannotti, F. (2011). Finding and characterizing communities in multidimensional networks. In *ASONAM*, pages 490–494. IEEE Computer Society.

Blondel, V. D., Guillaume, J.-l., and Lefebvre, E. (2008). Fast unfolding of communities in large networks. *Journal of Statistical Mechanics : Theory and Experiment*, 2008 :P10008.

Bouveyron, C. and Chipman, H. A. (2007). Visualization and classification of graph-structured data : the case of the enron dataset. In *IJCNN*, pages 1506–1511. IEEE.

Brandes, U., Delling, D., Gaertler, M., Görke, R., Hoefer, M., Nikoloski, Z., and Wagner, D. (2008). On modularity clustering. *IEEE Trans. Knowl. Data Eng.*, 20(2) :172–188.

Cai, D., Shao, Z., He, X., Yan, X., and Han, J. (2005). Mining hidden community in heterogeneous social networks. In *ACM-SIGKDD Workshop on Link Discovery : Issues, Approaches and Applications (LinkKDD'05)*, Chicago, IL.

Cai, Y., Shi, C., Dong, Y., Ke, Q., and Wu, B. (2011). A novel genetic algorithm for overlapping community detection. In Tang, J., King, I., Chen, L., and Wang, J., editors, *ADMA (1)*, volume 7120 of *Lecture Notes in Computer Science*, pages 97–108. Springer.

Carchiolo, V., Longheu, A., Malgeri, M., and Mangioni, G. (2011). Communities unfolding in multislice networks. In da F. Costa, L., Evsukoff, A., Mangioni, G., and Menezes, R., editors, *Complex Networks ; Revised Selected Papers form Second International Workshop CompleNet'2010 Rio de Janeiro, Brazil*, pages 187–195.

Chebotarev, P. and Shamis, E. V. (1997). The matrix-forest theorem and measuring relations in small social groups. *Automation and Remote Control*, 58 :1505.

Chen, J., Zaïane, O. R., and Goebel, R. (2009). Local community identification in social networks. In Memon and Alhajj (2009), pages 237–242.

Clauset, A. (2005). Finding local community structure in networks. *Physical Review E*.

Cordasco, G. and Gargano, L. (2012). Label propagation algorithm : a semi-synchronous approach. *IJSNM*, 1(1) :3–26.

Corlette, D. and III, F. M. S. (2010). Link prediction applied to an open large-scale online social network. In *HT*, pages 135–140.

Danisch, M., Guillaume, J.-L., and Grand, B. L. (2013). Unfolding ego-centered community structures with a similarity approach. In *4th Workshop on Complex Networks (CompleNet 2013)*.

Davis, D., Lichtenwalter, R., and Chawla, N. V. (2011). Multi-relational Link Prediction in Heterogeneous Information Networks. In *2011 International Conference on Advances in Social Networks Analysis and Mining*, pages 281–288. IEEE.

De Domenico, M., Lancichinetti, A., Arenas, A., and Rosvall, M. (2014). Identifying modular flows on multilayer networks reveals highly overlapping organization in social systems. *ArXiv e-prints*.

Donetti, L. and Munöz, M. (2004). Detecting network communities : a new systematic and efficient algorithm. *Journal of Statistical Mechanics : Theory and Experiment*, 10.

Duch, J. and Arenas, A. (2005). Community detection in complex networks using extremal optimizition. *Physical Review E*, 72.

Erdös, P. and Rényi, A. (1959). On random graphs. *Publ. Math. Debrecen*, 6 :290–297.

Fortunato, S. (2010). Community detection in graphs. *Physics Reports*, 486(3-5) :75–174.

Fortunato, S. and Barthélemy, M. (2007). Resolution limit in community detection. *Proceedings of the National Academy of Sciences,*, 104(1) :36.

Fouss, F., Pirotte, A., Renders, J.-M., and Sarens, M. (2007). Random-Walk Computation of Similarities between Nodes of a Graph with Application to Collaborative Recommandation. *IEEE Transactions on knowledge and data engineering*, 19(3) :355–369.

Goder, A. and Filkov, V. (2008). Consensus clustering algorithms : Comparison and refinement. In Munro, J. I. and Wagner, D., editors, *ALENEX*, pages 109–117. SIAM.

Good, B. H., de Montjoye, Y.-A., and Clauset., A. (2010). The performance of modularity maximization in practical contexts. *Physical Review*, E(81) :046106.

Gregor, S. (2010). Finding overlapping communities in networks by label propagation. *New Journal of Physic*, 12 :103018.

Guigourès, R., Boullé, M., and Rossi, F. (2013). Étude des corrélations spatio-temporelles des appels mobiles en france. In Vrain, C., Péninou, A., and Sèdes, F., editors, *EGC*, volume RNTI-E-24 of *Revue des Nouvelles Technologies de l'Information*, pages 437–448. Hermann-Éditions.

Guimera, R., Sales-Pardo, M., and Amaral, L. A. N. (2004). Modularity from fluctuations in random graphs and complex networks. *Physical Review E*, 70 :025101.

Gutierrez, T., Krings, G., and Blondel, V. D. (2013). Evaluating socio-economic state of a country analyzing airtime credit and mobile phone datasets. *CoRR*, abs/1309.4496.

Hernández, C. and Navarro, G. (2012). Compressed representation of web and social networks via dense subgraphs. In Calderón-Benavides, L., González-Caro, C. N., Chávez, E., and Ziviani, N., editors, *SPIRE*, volume 7608 of *Lecture Notes in Computer Science*, pages 264–276. Springer.

Hmimida, M. and Kanawati, R. (2015). Community detection in multiplex networks : A seed-centric approach. *Networks and Heterogeneous Media*, 10(1) :71–85. Special Issue on New trends, models and applications in Complex and Multiplex Networks.

Hubert, L. and Arabie, P. (1985). Comparing partitions. *Journal of classification*, 2(1) :192–218.

Jaccard, P. (1901). Etude comparative de la distribution florale dans une portion des alpes et des jura. *Bulletin de la Societe Vaudoise des Science Naturelles*, 37 :547.

Kanawati, R. (2013). A complex network approach for evaluating query similarity metrics. In *International workshop on Web mining (Webi)*, Argers.

Kanawati, R. (2014a). Multi-objective approach for local community computation. In *26th IEEE International conference on tools with artificial Intelligence (ICTAI'2014)*, Limassol. IEEE.

Kanawati, R. (2014b). Seed-centric approaches for community detection in complex networks. In Meiselwitz, G., editor, *6th international conference on Social Computing and Social Media*, volume LNCS 8531, pages 197–208, Crete, Greece. Springer.

Kanawati, R. (2014c). Yasca : An ensemble-based approach for community detection in complex networks. In Cai, Z., Zelikovsky, A., and Bourgeois, A. G., editors, *COCOON*, volume 8591 of *Lecture Notes in Computer Science*, pages 657–666. Springer.

Kanawati, R. (2015). Empirical evaluation of applying ensemble methods to ego-centered community identification in complex networks. *Neurocomputing*, 150, B :417–427.

Kappe, F., Zaka, B., and Steurer, M. (2009). Automatically detecting points of interest and social networks from tracking positions of avatars in a virtual world. In Memon and Alhajj (2009), pages 89–94.

Katz, L. (1953). A new status index derived from socimetric analysis. *Psychmetrika, 18(1)*, 18(1) :39–43.

Khorasgani, R. R., Chen, J., and Zaiane, O. R. (2010). Top leaders community detection approach in information networks. In *4th SNA-KDD Workshop on Social Network Mining and Analysis*, Washington D.C.

Kolaczyk, E. D., Chua, D. B., and Barthelemy, M. (2009). Group betweenness and co-betweenness : Inter-related notions of coalition centrality. *Social Networks*, 31(3) :190–203.

Labatut, V. (2012). Une nouvelle mesure pour l'évaluation des méthodes de détection de communauté. In *Actes de 3ième Conférence sur les modèle et analyse des réseaux : approches mathématiques et informatiques (MARAMI'12)*.

Lancichinetti, A. and Fortunato, S. (2011). Limits of modularity maximization in community detection. *CoRR*, abs/1107.1.

Lancichinetti, A. and Radicchi, F. (2008). Benchmark graphs for testing community detection algorithms. *Physical Review E*, Physical Review E(4) :046110.

Lazega, E. (2001). *The Collegial Phenomenon : The Social Mechanisms of Cooperation Among Peers in a Corporate Law Partnership*. Oxford university Press.

Leicht, E. A., Holme, P., and Newman, M. E. J. (2006). Vertex similarity in networks. *Phys. Rev. E*, 73 :026120.

Leskovec, J., Lang, K. J., and Mahoney, M. W. (2010). Empirical comparison of algorithms for network community detection. In Rappa, M., Jones, P., Freire, J., and Chakrabarti, S., editors, *WWW*, pages 631–640. ACM.

Li, J. and Song, Y. (2013). Community detection in complex networks using extended compact genetic algorithm. *Soft Comput.*, 17(6) :925–937.

Lichtenwalter, R. N., Dame, N., Lussier, J. T., and Chawla, N. V. (2010). New Perspectives and Methods in Link Prediction. In *Proceedings of the 16th ACM SIGKDD international conference on Knowledge discovery and data mining*, pages 243–252. ACM.

Lü, L. and Zhou, T. (2011). Link prediction in complex networks : A survey. *Physica A : Statistical Mechanics and its Applications*, 390(6) :1150–1170.

Lusseau, D., Schneider, K., Boisseau, O. J., Haase, P., Slooten, E., and Dawson, S. M. (2003). The bottlenose dolphin community of doubtful sound features a large proportion of long-lasting associations. *Behavioral Ecology and Sociobiology*, 54 :396–405.

Meila, M. (2003). Comparing clusterings by the variation of information. In Schölkopf, B. and Warmuth, M. K., editors, *COLT*, volume 2777 of *Lecture Notes in Computer Science*, pages 173–187. Springer.

Memon, N. and Alhajj, R., editors (2009). *2009 International Conference on Advances in Social Network Analysis and Mining, ASONAM 2009, 20-22 July 2009, Athens, Greece*. IEEE Computer Society.

Mucha, P. J., Richardson, T., Macon, K., Porter, M. A., and Onnela, J.-P. (2010). Community structure in time-dependent, multiscale, and multiplex networks. *Science*, 328(5980) :876–878.

Newman, M. (2006). Finding community structure in networks using the eigenvectors of matrices. *Physical Review E (Statistical, Nonlinear, and Soft Matter Physics)*, 74(3).

Newman, M. E. J. (2001). Scientific collaboration networks. ii. shortest paths, weighted networks, and centrality. *Phys. Rev. E*, 64(1) :16132.

Newman, M. E. J. (2004a). Coauthorship networks and patterns of scientific collaboration. *Proceedings of the National Academy of Science of the United States (PNAS)*, 101 :5200–

5205.

Newman, M. E. J. (2004b). Fast algorithm for detecting community structure in networks. *Physical Review E*, 69(6) :066133.

Ngonmang, B., Tchuente, M., and Viennet, E. (2012). Local community identification in social networks. *Parallel Processing Letters*, 22(1).

Orman, G. K., Labatut, V., and Cherifi, H. (2012). Qualitative comparison of community detection algorithms. *CoRR*, abs/1207.3603.

Papadopoulos, S., Kompatsiaris, Y., and Vakali, A. (2010). A graph-based clustering scheme for identifying related tags in folksonomies. In *DaWak*, pages 65–76.

Papadopoulos, S., Kompatsiaris, Y., Vakali, A., and Spyridonos, P. (2012). Community detection in social media - performance and application considerations. *Data Min. Knowl. Discov.*, 24(3) :515–554.

Papadopoulos, S., Vakali, A., and Kompatsiaris, Y. (2011). Community detection in collaborative tagging systems. In *Community-Built Databases*, pages 107–131.

Pizzuti, C. (2012). Boosting the detection of modular community structure with genetic algorithms and local search. In Ossowski, S. and Lecca, P., editors, *SAC*, pages 226–231. ACM.

Pons, P. and Latapy, M. (2006). Computing communities in large networks using random walks. *J. Graph Algorithms Appl.*, 10(2) :191–218.

Potgieter, A., April, K., Cooke, R., and Osunmakinde, I. (2009). Temporality in link prediction : Understanding social complexity. *The Complexity Society*, 11 :69–83.

Pujari, M. (2013). Path betweenness centrality : A new topological measure for link prediction. In *Actes de la journée de Fouille de grandes graphes (JFGG'13)*, Saint-Etienne.

Pujari, M. and Kanawati, R. (2012). Tag recommendation by link prediction based on supervised machine learning. In *Sixth International AAAI Conference on Weblogs and Social Media (ICWSM'2012)*, pages 547–550, Dublin.

Pujari, M. and Kanawati, R. (2015). Link prediction in multiplex networks. *Networks and Heterogeneous Media*, 10 :17–35. Special Issue on New trends, models and applications in Complex and Multiplex Networks.

Radicchi, F., Castellano, C., Cecconi, F., Loreto, V., and Parisi, D. (2004). Defining and identifying communities in networks. In *Proc. Natl. Acad. Sci. USA*, pages 2658–2663.

Raghavan, U. N., Albert, R., and Kumara, S. (2007). Near linear time algorithm to detect community structures in large-scale networks. *Physical Review E*, 76 :1–12.

Rand, W. M. (1971). Objective criteria for the evaluation of clustering methods. *Journal of the American Statistical Association*, 66 :846–850.

Ravasz, E., Somera, A. L., Mongru, D. A., Oltvai, Z. N., and Barabási, A.-L. (2002). Hierarchical organization of modularity in metabolic networks. *Science*, 29 :155.

Reichardt, J. and Bornholdt, S. (2006). Statistical mechanics of community detection. *Physical Review E*, 74(1).

Resnick, P., Iacovou, N., Suchak, M., Bergstrom, P., and Riedl, J. (1994). Grouplens : An open architecture for collaborative filtering of netnews. In Smith, J. B., Smith, F. D., and Malone,

T. W., editors, *CSCW*, pages 175–186. ACM.

Rosvall, M., Axelsson, D., and Bergstrom, C. T. (2009). The map equation. *Eur. Phys. J. Special Topics*, 13 :178.

Roth, C., Kang, S. M., Batty, M., and Barthelemy, M. (2011). Long-time limit of world subway networks. *CoRR*, abs/1105.5294.

Salton, G. and McGill, M. J. (1983). *Introduction to Modern Information Retrieval*. MuGraw-Hill.

Sammut, C. and G., W. (2010). *Clustering Ensembles*, page 180. Springer.

Schifanella, R., Barrat, A., Cattuto, C., Markines, B., and Menczer, F. (2010). Folks in folksonomies : Social link prediction from shared metadata. *CoRR*, abs/1003.2281.

Seifi, M. (2012). *Cœurs stables de communautés dans les graphes de terrain*. PhD thesis, Université Pierre et marie Curie (paris 6).

Shah, D. and Zaman, T. (2010). Community detection in networks : The leader-follower algorithm. In *Workshop on Networks Across Disciplines in Theory and Applications, NIPS*.

Shah, F. and Sukthankar, G. (2011). Constructing social networks from unstructured group dialog in virtual worlds. In Salerno, J. J., Yang, S. J., Nau, D. S., and Chai, S.-K., editors, *SBP*, volume 6589 of *Lecture Notes in Computer Science*, pages 180–187. Springer.

Shahabi, C. and Kashani, F. B. (2007). Modelling p2p data networks under complex system theory. *IJCSE*, 3(2) :103–111.

Sørensen, T. (1948). A method of establishing groups of equal amplitude in plant sociology based on similarity of species content and its application to analyses of the vegetation on danish commons. *Biol. Skr*, 5.

Strehl, A. and Ghosh, J. (2003). Cluster ensembles : a knowledge reuse framework for combining multiple partitions. *The Journal of Machine Learning Research*, 3 :583–617.

Suthers, D. D., Fusco, J., Schank, P. K., Chu, K.-H., and Schlager, M. S. (2013). Discovery of community structures in a heterogeneous professional online network. In *HICSS*, pages 3262–3271. IEEE.

Szell, M. and Thurner, S. (2012). Social dynamics in a large-scale online game. *Advances in Complex Systems*, 15(6).

Tang, L. and Liu, H. (2010). *Community Detection and Mining in Social Media*. Synthesis Lectures on Data Mining and Knowledge Discovery. Morgan & Claypool Publishers.

Tarissan, F., Quoitin, B., Mérindol, P., Donnet, B., Pansiot, J.-J., and Latapy, M. (2013). Towards a bipartite graph modeling of the internet topology. *Computer Networks*, 57(11) :2331–2347.

Topchy, A. P., Jain, A. K., and Punch, W. F. (2005). Clustering ensembles : Models of consensus and weak partitions. *IEEE Trans. Pattern Anal. Mach. Intell.*, 27(12) :1866–1881.

Toussaint, G. and Bhattacharya, B. K. (1981). Optimal algorithms for computing the minimum distance between two finite planar sets. *Pattern Recognition Letters*, pages 79–82.

Watts, D. and Strogats, S. (1998). Collective dynamics of small world networks. *Nature*, 8(393) :440–442.

White, S. and Smyth, P. (2005). A spectral clustering approach to finding communities in graph. In *SDM*.

Xie, J. and Szymanski, B. K. (2011). Community Detection Using A Neighborhood Strength Driven Label Propagation Algorithm. In *Proc of IEEE .Network Science Workshop*.

Yakoubi, Z. and Kanawati, R. (2014). Licod : Leader-driven approaches for community detection. *Vietnam Journal of Computer Science*, 1(4) :241–256.

Yang, J. and Leskovec, J. (2012). Defining and evaluating network communities based on ground-truth. In Zaki, M. J., Siebes, A., Yu, J. X., Goethals, B., Webb, G. I., and Wu, X., editors, *ICDM*, pages 745–754. IEEE Computer Society.

Zachary, W. (1977). An information flow model for conflict and fission in small groups. *Journal of anthropological research*, page 452 :473.

Zhang, T. and Wu, B. (2012). A method for local community detection by finding core nodes. In *ASONAM*, pages 1171–1176. IEEE Computer Society.

Zhou, T., Lü, L., and Zhang, Y.-C. (2009). Predicting missing links via local information. *Eur. Phys. J. B*, 71 :623.

Summary

In real-world complex networks nodes are generally arranged in tightly knit groups that are loosely connected one to each other. Such groups are called communities. Community members are generally admitted to share common proprieties. Hence, unfolding the community structure of a network could give us many insights about the overall structure of the network. This problem has attracted much of attention in past years. Most of existing approaches are designed for static simple networks, where all edges are of the same type. However, real networks are often heterogeneous and dynamic. The concept of multiplex networks has been introduced in order to ease modeling such networks. In this work, we present a survey study on main approaches for community detection in monoplex and multiplex networks.

AMMICO : recommandation sociale pour la visite de musée

Raphaël Fournier*, Emmanuel Viennet*

*L2TI – Institut Galilée, Univ. Paris-Nord, Paris-Cité
prenom.nom@univ-paris13.fr

Résumé. Nous présentons les techniques de recommandations mises en œuvre pour la plateforme AMMICO qui permet une visite de musées enrichie. Nous proposons diverses techniques de recommandations reposant sur l'analyse de graphes sociaux afin de répondre aux problématiques spécifiques de la visite de musées.

1 Introduction

Les musées disposent de collections de très grandes taille et leur mission consiste à les mettre à disposition du public. Les visiteurs ne peuvent donc pas accéder à l'intégralité des œuvres disponibles et il est naturel d'envisager de compléter le travail de sélection des conservateurs avec des systèmes de recommandations informatisés.

Lors de la visite d'un musée, ou dans la planification d'activités touristiques en général, un visiteur est en effet confronté à un certain nombre de problèmes. Tout d'abord, il dispose généralement d'un temps limité à passer dans le musée. Il doit donc choisir, plus ou moins consciemment, les œuvres qu'il va voir (Tsai et Chung, 2012). Le visiteur qui vient pour la première fois ne sait pas forcément ce qu'il devrait voir ou ce qu'il va aimer. Le parcours qu'il effectue n'est donc généralement pas très réfléchi (Kuflik et al., 2011). En conséquence, il se peut que les œuvres qu'il ait vues ne l'aient pas particulièrement intéressé. Inversement il se peut aussi qu'il ait raté des œuvres qui l'auraient beaucoup intéressé.

Une approche maîtrisée de l'espace du musée a aussi une importance significative sur le déroulement de la visite et la satisfaction du visiteur (Tsai et Chung, 2012). En particulier, l'ordre dans lequel sont découvertes les œuvres est très important. Si cet ordre est mal choisi, un visiteur peut se retrouver à faire un nombre important d'allers-retours, ce qui va non seulement le fatiguer rapidement mais aussi lui faire perdre du temps pour découvrir de nouvelles œuvres. Dans certains musées et dans la plupart des expositions temporaires à forte affluence, l'ordre de visite est imposé à tous les visiteurs.

Un musée peut proposer un ensemble de parcours destinés à différents types de visiteurs. Cependant chacun de ces parcours est figé, et donc pas parfaitement adapté à un visiteur spécifique. Par ailleurs, si d'autres visiteurs suivent le même parcours, il est possible que le visiteur soit constamment confronté à une affluence de personnes pour chacune des œuvres contenues dans le parcours. Un objectif consiste donc à personnaliser les propositions de parcours, afin de mieux correspondre aux affinités de chacun.

Ces dernières années, des téléphones disposant d'une connexion Internet et de fonctionnalités avancées (dits *smartphone*) sont apparus. Ils permettent à leurs utilisateurs d'obtenir rapidement des réponses à leurs questions, et d'utiliser divers types de services à tout moment, quel que soit l'endroit où ils se trouvent. Ces services ont aussi la possibilité de s'adapter à la position de l'utilisateur grâce à la fonctionnalité de géolocalisation dont bénéficient les *smartphones*. Ces appareils ont permis à de nombreux visiteurs de musées de transformer leur expérience de visite : au lieu d'utiliser les audioguides traditionnels, un certain nombre de personnes, en particulier les jeunes, utilisent leurs propres *smartphones* pour obtenir des informations supplémentaires sur les œuvres qui les intéressent (Analytics et Frankly, 2012). Il devient donc pertinent de proposer des services dédiés à la visite de musées pour enrichir l'expérience des visiteurs. Au-delà de la fonctionnalité traditionnelle de l'audioguide (renseigner le visiteur sur une œuvre en particulier), ces dispositifs peuvent aussi être utilisés pour fournir des services supplémentaires lors de la visite (carte du musée avec œuvres localisées, calcul d'itinéraires, recherche d'œuvres dans le musée, etc.), éventuellement personnalisés en fonction du profil, des préférences et du contexte dans lequel se trouvent les utilisateurs.

Un visiteur peut par exemple se faire recommander : des œuvres adaptées au contexte présent (humeur, activité sociale, raison de la visite, ...), un parcours construit à partir d'une liste d'œuvres (recommandées ou non), un parcours adapté à ses contraintes (en particulier les contraintes de temps ou la distance de marche) (Baltrunas et al., 2011; Tsai et Chung, 2012).

Nous présentons dans cet article les techniques de recommandations que nous développons dans le cadre du projet AMMICO, de fournir aux visiteurs des recommandations personnalisées aux visiteurs. Dans la section 2, nous détaillons quelles sont les problématiques de recherche induites par le contexte de la visite de musée. Dans la section 3, nous proposons un aperçu des techniques proposées dans la littérature, avant de présenter notre approche du problème dans la section 5.

2 Problématiques scientifiques

Proposer des recommandations dans les musées soulève un certain nombre de problématiques, certaines étant génériques (Tintarev et al., 2010), d'autres plus spécifiques (Ruotsalo et al., 2009).

Cold start   Le problème du démarrage à froid, ou du *cold start*, est double, affectant à la fois les utilisateurs et les objets. Il désigne le manque d'information généralement disponible sur un objet qui vient d'être ajouté au catalogue ou sur un utilisateur qui vient d'arriver dans le musée. On ne sait pas quels sont les utilisateurs intéressés par l'objet en question, ou quels objets intéresse l'utilisateur donné, ce qui rend difficile une prédiction efficace et donc des recommandations pertinentes. Ce problème est bien connu et étudié, il affecte avant tout les systèmes de filtrage collaboratif, qui reposent sur l'historique du comportement des utilisateurs pour calculer des recommandations pertinentes. Dans le contexte des musées, où les visiteurs viennent pour la plupart une fois seulement dans une exposition, la situation du *cold start* est très fréquente pour le système de recommandation.

Pénurie de notes   Le problème de la pénurie de notes tient à la taille des ensembles des éléments sur lesquels opèrent le système de recommandation : il est courant que des millions d'objets soient disponibles et la probabilité que deux utilisateurs tirés au hasard aient noté le même objet en est d'autant plus faible. Pour prédire si un objet plaira à cet utilisateur, le système doit alors choisir parmi un ensemble restreint d'utilisateurs similaires et risque de rater des utilisateurs plus pertinents. De fait, de nombreuses notes deviennent très dures à prédire. Dans les musées, ce qui peut amener à des difficultés pour trouver des utilisateurs similaires est moins lié à la taille des ensembles {objets,utilisateurs} qu'au nombre très limité d'interactions explicites dont le système dispose pour proposer des recommandations : contrairement à un système en ligne où on peut mettre en avant certaines parties d'une page en vue de collecter des retours explicites (clics sur "favoris" ou "like"), un dispositif de visite n'est pas en permanence sous les yeux du visiteur et celui-ci va sans doute peu indiquer ces préférences via cette interface.

Sur-spécialisation, absence de diversité   Comme l'on souhaite proposer des recommandations personnalisées, on a pour objectif de recommander à un utilisateur les objets qui s'approchent le plus de ses préférences ou des objets *similaires* à ceux qu'il a aimés. Cependant, ce type d'approche a plusieurs inconvénients. Tout d'abord, il n'est pas nécessairement bon de recommander à un utilisateur un objet *trop similaire* à un objet qu'il a aimé, de la même façon qu'acheter la copie d'un tableau que l'on possède déjà a un intérêt discutable. On risque de recommander toujours le même type d'objets, ressemblant beaucoup à ceux que l'utilisateur connaît déjà. Cela aurait pour effet d'empêcher l'utilisateur de découvrir de nouveaux objets, ce qui aurait donné plus d'attrait à sa visite.

Longue traîne et popularité   Pour un catalogue donné d'objets, il existe généralement une minorité d'objets très populaires que la majorité des gens aime, quels que soient leurs profils. Les autres objets ne plaisent qu'à des profils particuliers de personnes. Les objets très populaires ont, en raison même de cette popularité, de grandes chances d'être recommandés à un visiteur. Dans le pire des cas, les recommandations calculées ne sont même plus personnalisées : elles correspondent uniquement à la liste figée des objets les plus populaires. Recommander avec succès des objets peu populaires présente pourtant des avantages certains : pour les musées, cela permet de mieux valoriser l'ensemble du catalogue, ainsi que de limiter l'accès aux objets populaires. Pour l'utilisateur, cela permet de découvrir de nouveaux objets qui lui plaisent, potentiellement plus accessibles. Néanmoins, même si la recommandation est parfaitement en accord avec le profil de l'utilisateur, si celui-ci n'a jamais entendu parler de l'objet recommandé, il est possible qu'il ignore la recommandation. L'intégration d'objets très peu populaires dans la liste de recommandation est donc délicate.

Recommandations sous contraintes   Dans le cas d'un musée, l'environnement spécifique apporte quelques problématiques supplémentaires. Il est notamment souhaitable de pouvoir proposer un parcours à un visiteur, c'est-à dire une liste d'œuvres à visiter dans un ordre défini. La recommandation ne porte plus alors seulement sur une œuvre en particulier, mais sur des ensembles d'œuvres. Une problématique est alors de savoir comment pondérer les scores de chacune des œuvres d'un parcours donné pour donner un score au parcours (et permettre la comparaison de plusieurs parcours possibles). Une autre problématique réside dans la prise en compte de la position des œuvres dans l'espace du musée, afin que non seulement les œuvres soient en rapport avec les goûts du visiteur mais aussi que ce dernier ne soit pas contraint à d'incessants aller-retour pour voir successivement les œuvres. De manière similaire, dans certains musées, l'affluence devant les œuvres est une contrainte supplémentaire à prendre en compte, *en temps réel* ou non.

3 Recommandations et visite de musées

3.1 Formalisation du problème

Considérant l'ensemble U d'utilisateurs et l'ensemble I des objets (*items* que l'on peut proposer, effectuer des recommandations, c'est se donner une fonction d'utilité $R : U \times I \to \mathbb{R}$ où $R(u, i)$ est l'utilité – ou score – associée à (u, i), typiquement un nombre réel, pris dans un intervalle généralement fixé. La fonction n'est pas connue pour l'ensemble des éléments de $U \times I$, mais pour un sous-ensemble seulement. Pour chaque utilisateur u de U, on veut être capable d'estimer $R(u, i)$ pour les objets i de I pour lesquels $R(u, i)$ est encore inconnu, mais aussi trouver un ensemble d'objets qui maximisent $R(u, i)$.

Les données que l'on peut utiliser pour effectuer les recommandations peuvent provenir du contenu, des utilisateurs, ou des interactions entre utilisateurs et objets. Pour modéliser le contenu, des mots-clefs sont généralement extraits de la description pour caractériser au mieux chacun des objets. Ceux-ci peuvent être complétés par des méta-données telles que des ontologies, qui structure et classifie des relations entre objets. Pour les utilisateurs, des attributs démographiques tels que le sexe et l'âge peuvent être pris en compte, ainsi que des centres d'intérêts. Enfin, différentes interactions entre utilisateurs et objets peuvent être collectées, qu'elles soient exprimées de façon explicites (œuvres marquées comme favorites) ou implicites (temps passé devant une œuvre, par exemple).

3.2 Approches dédiées

Générer des recommandations personnalisées dans le contexte de visite de musées a déjà été traité dans un nombre importants de projets, dont nous ne présenterons pas le détail dans cet article. On pourra se référer avec profit à l'étude comparative des différents systèmes existants présentée dans (Ardissono et al., 2012).

Historiquement centrée autour de la visite virtuelle sur des ordinateurs de bureau à la fin des années 90, cette problématique s'est progressivement déplacée vers des systèmes mobiles, à mesure que des dispositifs incorporaient des connexions Internet (du WAP jusqu'à la 4G actuelle). Dès 1999, les auteurs de (Bianchi et Zancanaro, 1999) ont classé des visiteurs selon leurs trajectoires afin de proposer des présentations personnalisées (projet HIPS). Leur projet a été prolongé par le projet HIPPIE qui utilisait une approche de modélisation dynamique du profil de l'utilisateur (Oppermann et Specht, 2000).

Diverses techniques classiques de recommandations ont été utilisées, qu'il s'agisse d'approches reposant purement sur le contenu ("content-based") (citons par exemple (Cramer et al., 2008)), sur le filtrage collaboratif[1] (Bohnert et al., 2008) voire hybrides (Stock et al., 2007; Schmidt-Belz et al., 2003). En particulier, des techniques sociales, proches de celles que nous détaillons dans la section suivante ont été proposées dans iCity (Carmagnola et al., 2008) et

---

1. Celui-ci pouvant être "user-based" ou "item-based".

Chat (De Gemmis et al., 2008). Mais celles-ci reposent avant tout sur des *tags* et des commentaires déposés par les utilisateurs, alors que nous proposons une méthodologie sociale plus générale.

4 Approche de recommandation élémentaire

Une approche simple pour proposer des recommandation d'œuvres aux visiteurs est d'utiliser des règles d'associations. Comme dans le cas d'un magasin où l'on peut analyser quels produits sont achetés ensemble, en vue de proposer l'un si le premier est acheté, on cherche à déterminer quelles sont la ou les œuvres qui sont les plus fréquemment vues avec une œuvre donnée.

La forme générale d'une règle d'association r est $r : m_i \rightarrow m_j$ où m_i est la prémisse de la règle et m_j est sa conclusion. Une règle d'association est classiquement évaluée par deux mesures, son support et sa confiance. Le support est défini, par extension de la notion de support d'un motif ensembliste, de la façon suivante :

$$supp(m_i \rightarrow m_j) = supp(m_i \cap m_j)$$

La confiance étant définie comme :

$$conf(m_i \rightarrow m_j) = \frac{supp(m_i \cap m_j)}{supp(m_i)}$$

La manière la plus classique de construire un ensemble de règles d'association consiste à produire dans un premier temps un ensemble d'itemsets fréquents (des œuvres fréquemment vues ensembles). À partir d'un itemset fréquent $\{A_1, A_2, \cdots, A_n\}$, on peut construire puis évaluer toutes les règles $m_i \rightarrow m_j$ avec $m_i, m_j \in \{A_1, A_2, \cdots, A_n\}$. Afin de contenir la complexité du processus d'extraction de règles, on s'en tiendra à des itemsets fréquents de taille 2. Les recommandations seront ensuite produites en ordonnant les règles d'associations par confiance décroissante.

5 Approches de recommandation sociale

L'approche de la recommandation que l'on souhaite développer et mettre en avant dans le projet AMMICO est une approche sociale : elle repose sur l'utilisation des informations du réseau social d'un individu afin d'améliorer la pertinence des recommandations qui lui sont faites, pour compléter ou supplanter les recommandations issues du filtrage collaboratif classique. On peut ainsi recommander des objets à un utilisateur en privilégiant les objets qui ont plu à ses amis, les objets qui ont plu à d'autres utilisateurs qui partagent les mêmes centres d'intérêt que lui, ou encore les objets similaires à ceux qui lui plaisent déjà. Pour cela, on va utiliser le réseau social pour constituer des segments que l'on va appeler communautés. Une communauté regroupe des entités (dans notre cas utilisateurs ou objets) que l'on va considérer comme similaires ou interdépendants. Une fois ces communautés obtenues, il devient ainsi aisé d'identifier un petit groupe d'objets qui ont de fortes chances de plaire à un utilisateur.

Réseaux utilisés   Cette approche implique que l'on utilise des réseaux sociaux pour identifier les recommandations à faire à un utilisateur. Dans notre contexte, un réseau social sera mis en place autour de chaque établissement et permettra à terme une connexion avec des réseaux sociaux tiers (pour éviter de recréer ex-nihilo un réseau d'amitié). Cependant, nous utiliserons aussi des graphes issus du comportement des visiteurs, qui ne seront donc pas explicitement sociaux.

Nous proposons d'utiliser à la fois des graphes où les entités sont des visiteurs mais aussi des œuvres, lesquels pourront être issus de la projection d'un graphe biparti visiteurs-œuvres. La Figure 1 illustre cela : les visiteurs sont liés aux œuvres qu'ils ont vu dans l'exposition ; on obtient le graphe "visiteurs" en projetant ce graphe biparti, c'est-à-dire en ne prenant en compte que les entités "visiteurs" et en les reliant s'ils ont vu au moins 3 œuvres communes (paramètre Ko). De même, on peut construire un graphe d'œuvres en reliant deux œuvres si elles ont été vues par au moins 3 visiteurs communs (paramètre Kv).

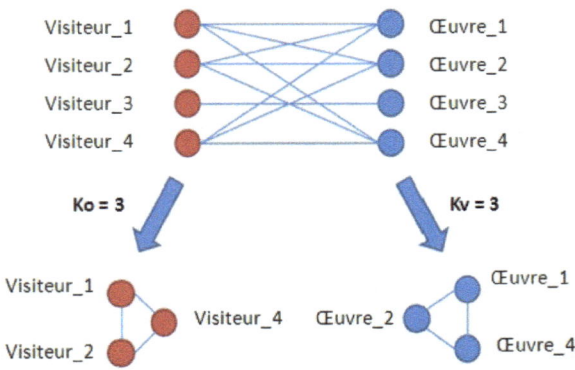

FIG. 1: Graphe biparti Visiteurs-Œuvres, et projections en graphe "visiteurs" et graphe "œuvres"

Détection de communautés   Une communauté dans un réseau social se définit comme "un ensemble de nœuds plus densément connectés entre eux qu'avec le reste du graphe". Nous considérons, selon le graphe étudié, différents types de communautés : des communautés explicites d'amis, des communautés de centres d'intérêt communs, voire des communautés homogènes pour un certain type d'attributs (voir (Viennet et al., 2012)). Il existe de nombreuses techniques pour partitionner un graphe en communautés (voir (Fortunato, 2009)). Nous utilisons la méthode dite "de Louvain" présentée dans (Blondel et al., 2008), qui permet d'optimiser la modularité. Dans certains cas (lorsque l'on ne dispose que d'un graphe limité pour un visiteur donné par exemple), nous étudions les communautés locales auquel appartient cet utilisateur, à l'aide des techniques présentées dans (Ngonmang et al., 2012).

Ces méthodes nous permettent d'obtenir des visiteurs *proches* en terme d'amitié, de goûts ou d'attributs démographiques, à partir desquels on proposera des recommandations.

Procédure de recommandation En fonction des graphes analysés, on obtient différents types de communautés, desquels vont découler le type de recommandations que l'on va faire à un utilisateur : soit une recommandation communautaire *item-based* ou soit *user-based*. Le schéma illustrant la procédure générale est présenté sur la Figure 2.

Dans le premier cas, on cherche des similarités entre objets sur un graphe qui les relie, par exemple à partir des liens prédéfinis par les conservateurs du musées si l'exposition comporte un nombre limité d'œuvres. On utilise un algorithme de détection de communautés pour segmenter les objets du graphe. Pour chacun des objets d'une communauté, celle-ci représente l'ensemble des recommandations potentielles. Les recommandations à un utilisateur sont faites à partir des communautés auxquels appartiennent les objets qui ont plu à celui-ci. On peut recommander les objets de la communauté, ou bien affiner les performances en utilisant de façon additionnelle d'autres indices de similarité, ou encore combiner les résultats obtenus avec d'autres graphes.

De façon similaire, on propose une approche de recommandation communautaire *user-based*, où ce sont les liens entre visiteurs qui sont utilisés pour former le graphe, à partir duquel on partitionne l'ensemble des visiteurs en communautés. On utilise ensuite les préférences des utilisateurs de la communauté à laquelle appartient le visiteur pour lui proposer des recommandations.

L'utilisation de graphes sociaux pour faire de la recommandation comporte plusieurs avantages. Comme les relations sociales se nouent en général entre personnes qui se ressemblent (homophilie), ces relations sont supposées aider à fournir de bonnes recommandations. De plus, comme pour un visiteur donné, ces relations ne sont pas uniquement avec des visiteurs aux goûts *similaires*, on peut espérer davantage de diversité que dans le cas d'un filtrage collaboratif classique.

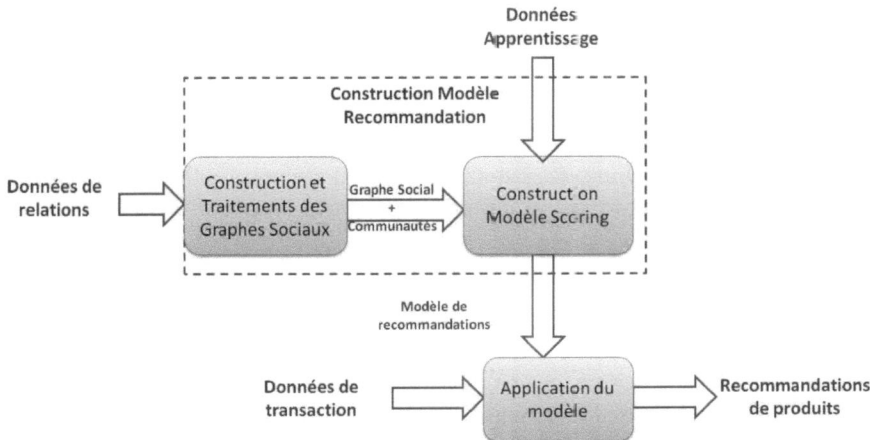

FIG. 2: Illustration de la procédure de recommandation

6 Conclusion et perspectives

Nous avons présenté dans cet article le contexte de la visite des musées et les possibilités d'enrichissement de celle-ci à l'aide de techniques de recommandations. Nous proposons une approche reposant sur l'analyse de graphes sociaux pour proposer des recommandations aux visiteurs, en espérant notamment s'affranchir des limitations traditionnelles telles que le *cold-start*.

Les perspectives de poursuites de ce travail sont nombreuses. Un logiciel prototype fonctionnant sur des appareils Android et embarquant un nombre de fonctionnalités limitées a été mis en place pour l'exposition "Great Black Music" à la Cité de la Musique de Paris, avec pour objectif principal de collecter à grande échelle des *données réelles* de visite de musée. L'analyse de ces données devrait permettre d'incorporer les fonctionnalités de création à la volée de parcours en tenant compte de contraintes telles que l'affluence. Des fonctionnalités de géolocalisation en intérieur sont développées par des partenaires du projet et, une fois intégrées, elles devraient également permettre d'améliorer la précision disponible quant à la position des visiteurs, et la pertinence des recommandations.

Références

Analytics, F. R. . et G. . W. Frankly (2012). Understanding the mobile v&a visitor. English

Ardissono, L., T. Kuflik, et D. Petrelli (2012). Personalization in cultural heritage : the road travelled and the one ahead. *User Modeling and User-Adapted Interaction 22*(1-2), 73–99.

Baltrunas, L., B. Ludwig, S. Peer, et F. Ricci (2011). Context-aware places of interest recommendations for mobile users. In A. Marcus (Ed.), *Design, User Experience, and Usability. Theory, Methods, Tools and Practice*, Volume 6769 of *Lecture Notes in Computer Science*, pp. 531–540. Springer Berlin Heidelberg.

Bianchi, A. et M. Zancanaro (1999). Tracking users' movements in an artistic physical space. In *Proc. i3 Annual Conference*, pp. 103–106.

Blondel, V. D., J.-L. Guillaume, R. Lambiotte, et E. Lefebvre (2008). Fast unfolding of communities in large networks. *Journal of Statistical Mechanics : Theory and Experiment 2008*(10), P10008.

Bohnert, F., I. Zukerman, S. Berkovsky, T. Baldwin, et L. Sonenberg (2008). Using interest and transition models to predict visitor locations in museums. *AI Communications 21*(2), 195–202.

Carmagnola, F., F. Cena, L. Console, O. Cortassa, C. Gena, A. Goy, I. Torre, A. Toso, et F. Vernero (2008). Tag-based user modeling for social multi-device adaptive guides. *User Modeling and User-Adapted Interaction 18*(5), 497–538.

Cramer, H., V. Evers, S. Ramlal, M. Someren, L. Rutledge, N. Stash, L. Aroyo, et B. Wielinga (2008). The effects of transparency on trust in and acceptance of a content-based art recommender. *User Modeling and User-Adapted Interaction 18*(5), 455–496.

De Gemmis, M., P. Lops, G. Semeraro, et P. Basile (2008). Integrating tags in a semantic content-based recommender. In *Proceedings of the 2008 ACM conference on Recommender systems*, pp. 163–170. ACM.

Fortunato, S. (2009). Community detection in graphs. *Physics Reports*.

Kuflik, T., O. Stock, M. Zancanaro, A. Gorfinkel, S. Jbara, S. Kats, J. Sheidin, et N. Kashtan (2011). A visitor's guide in an active museum : Presentations, communications, and reflection. *J. Comput. Cult. Herit. 3*(3), 11 :1–11 :25.

Ngonmang, B., M. Tchuente, et E. Viennet (2012). Local community identification in social networks. *Parallel Processing Letters 22*(01).

Oppermann, R. et M. Specht (2000). A context-sensitive nomadic exhibition guide. In *Handheld and Ubiquitous Computing*, pp. 127–142. Springer.

Ruotsalo, T., E. Mäkelä, T. Kauppinen, E. Hyvönen, K. Haav, V. Rantala, M. Frosterus, N. Dokoohaki, et M. Matskin (2009). Smartmuseum – personalized context-aware access to digital cultural heritage.

Schmidt-Belz, B., H. Laamanen, S. Poslad, et A. Zipf (2003). Location-based mobile tourist services-first user experiences. *Information and communication technologies in tourism 2003*, 115–123.

Stock, O., M. Zancanaro, P. Busetta, C. Callaway, A. Krüger, M. Kruppa, T. Kuflik, E. Not, et C. Rocchi (2007). Adaptive, intelligent presentation of information for the museum visitor in peach. *User Modeling and User-Adapted Interaction 17*(3), 257–304.

Tintarev, N., A. Flores, et X. Amatriain (2010). Off the beaten track : A mobile field study exploring the long tail of tourist recommendations. In *Proceedings of the 12th International Conference on Human Computer Interaction with Mobile Devices and Services*, MobileHCI '10, New York, NY, USA, pp. 209–218. ACM.

Tsai, C.-Y. et S.-H. Chung (2012). A personalized route recommendation service for theme parks using rfid information and tourist behavior. *Decis. Support Syst. 52*(2), 514–527.

Viennet, E. et al. (2012). Community detection based on structural and attribute similarities. In *ICDS 2012, The Sixth International Conference on Digital Society*, pp. 7–12.

Summary

Nous présentons les techniques de recommandations mises en œuvre pour la plateforme AMMICO qui permet une visite de musées enrichie. Nous proposons diverses techniques de recommandations reposant sur l'analyse de graphes sociaux afin de répondre aux problématiques spécifiques de la visite de musées.

Index

B

Bennani, Younès 1, 16

C

Cabanes, Guénael 16
Cornuéjols, Antoine 33

F

Fournier, Raphaël 100

G

Grozavu, Nistor 16

J

Janicot,Serge 50

K

Kaly, François 50
Kanawati, Rushed 66

M

Marticorena,Béatrice 50
Martin, Christine 33

N

Niang, Ndèye 50
Niang,Awa 50

O

Ouattara,Mory 50

R

Redko, Ievgen 1

T

Thiria,Sylvie 50

V

Viennet, Emmanuel 100

Résumé

Le présent numéro de la revue RNTI est le prolongement des sixièmes journées thématiques sur l'*Apprentissage Artificiel et la Fouille de Données* (AAFD'14), organisées à l'Université Paris 13 en juin 2014.

Les articles sélectionnés pour ce numéro sont issus d'un appel à publication lancé lors de la conférence AAFD'14. Ils sont cette année essentiellement tournés vers un thème très actif: l'apprentissage non supervisé, ici abordé sous des angles variés: méthodes matricielles, clustering, cartes topologiques, communautés dans les graphes.

Summary

This special issue of the RNTI journal has been prepared after the sixth workshop on Data Mining and Machine Learning (AAFD'14), organized by the University Paris 13 in June 2014.

The papers have been selected after a Call for Papers issued during the workshop. This year, they are focusing on a very hot topic: unsupervised learning. Various approaches for unsupevised learning are studied: matrix factorization, clustering, topological maps, graph communities.

Rédacteurs invités

Younès Bennani est Professeur à l'Université de Paris 13 et chercheur au Laboratoire d'Informatique de Paris Nord (LIPN), UMR 7030 du CNRS. Il travaille sur les techniques d'apprentissage numériques depuis 1985. Ses activités de recherche sont centrées principalement sur l'apprentissage non supervisé collaboratif et l'exploration de données massives et complexes. Il a été responsable de l'équipe de recherche "Apprentissage Artificiel et Applications" au LIPN.

Emmanuel Viennet est Professeur à l'Université de Paris 13 et chercheur au Laboratoire de Traitement et Transport de l'Information (L2TI). Il s'intéresse à la fouille de données multimédia de grandes taille et particulièrement à l'analyse des données issues des réseaux sociaux. Il co-organise avec Younès Bennani les journées AAFD depuis leur création en 2004.